【文庫クセジュ】

バビロン

ベアトリス・アンドレ＝サルヴィニ著
斎藤かぐみ訳

白水社

目次

序　論

「バビロン、名声と歓喜を捧げられてきたもの……バビロン、天の力……バビロン、古き煉瓦の町……バビロン、神々の王の町……バビロン、尽きせぬ豪奢の町……バビロン、その民に平和をもたらすもの……バビロン、真実と正義の町……バビロン、神々の集いたもう場……バビロン、天と下界を結ぶ町……バビロン、敵を討ち滅ぼす町……バビロン、マルドゥクの住まい……バビロン、神と人を創ったもの……バビロン、諸法を集めるもの……バビロン、王権を打ち立てるもの……バビロン、知恵を受けたもの……バビロン、聖なる町……バビロン、国々の結び目」（『ティンティル』一：一－五一）

バビロンの威信は、当時の人びとにとって比類のないものだった。紀元前二千年紀末、この町の学者たちは、バビロンに帰せられる五一の特質と役割として、第一に町の名声を挙げた。世界中でこれほど憧れと恐れ、賛嘆と嫌悪を掻きたて、これほど破壊と再建の繰り返された都はない。その威容と住民の生活は、古代近東史上の偉大な治世とともに移り変わった。強大な王はいずれも、友好的あるいは敵対的な姿勢でもってバビロンを征服してみずからの足跡を残そうとし、この町を飾りたて、あるいは破壊した。バビロンはメソポタミア全土の霊的・知的な心臓部として文明世界に輝きわたった。ここは宇宙の中心、すなわち混沌の勢力を打ち破り、宇宙を組織したバビロンの最高神マルドゥクの力が生みだした世界調和の象徴だった。町の建築や装飾はすべて、この宇宙性に従って構想されている。現実と神話の二重性に彩られたバビロンは数奇な運命をたどる。それは時を超えて、われわれの時代にまで伝わった。

「神（神々）の門」

この町の卓越性は、第一に、その名の語源にも表われている。楔形文字の文献では、アッカド語（バビロニア語）あるいはシュメール語[1]で「バーブイル」と記される。この言語は前二千年紀初頭には死語となったが、その後も高貴な言語、文化の言語として、わけても特別な場所を指し示すのに用いられた。「バビロン」の名は、アッカド語「バーブ・イリ／イラーニ」のギリシア語表記（バビュローン）に由来する。このアッカド語は「神／神々の門」を意味し、シュメール語では「カ・ディンギラ」という。この名は前四千年紀末にシュメール人が現われ、文字が誕生する以前に、メソポタミア南部で話されていた言語である「原ユーフラテス」言語基層に遡る可能性がある。もしそうであれば、この地に集落の基礎が築かれたのは非常に古い時代にまで遡ることになるだろう。「門」という語から都市の名が付けられた例は、古代メソポタミアでほかにはない。この地名は、ある役割に結びついていたのではないかと思われる。古代メソポタミアでは、王宮または主神殿の門のところで裁きが下された。つまり、バーブ・イリという名は、神の裁きの場あるいは神の面前を指し、人界と天界を統《す》べる唯一の座たるバビロンの名声と政治上・宮教上の首都としての役割の根拠となっていたのだろう。

（1）直後にシュメール語では「カ・ディンギラ」とあるが、シュメール語にも「バーブイル」と読める表意文字があると著者より補足説明あり〔訳註〕。

バビロンを指す他の表意文字もある。前二千年紀初頭に「生の座」あるいは「豊饒の座」を意味する「ティンティル」の用例があったことが確認されている。前二千年紀末以降は「崇高なる力」を意味する「シュアンナ」と呼ばれることもあった。宗教関係の文献には、バビロンに地位を譲ることになったシュメール時代の聖都にちなむ「エリドゥ」の名も示されている。町の名が「門」＋六〇を意味する表意文字で記された例もある。この数は、シュメールの六〇進法では特に神を表わす完全数とされた。

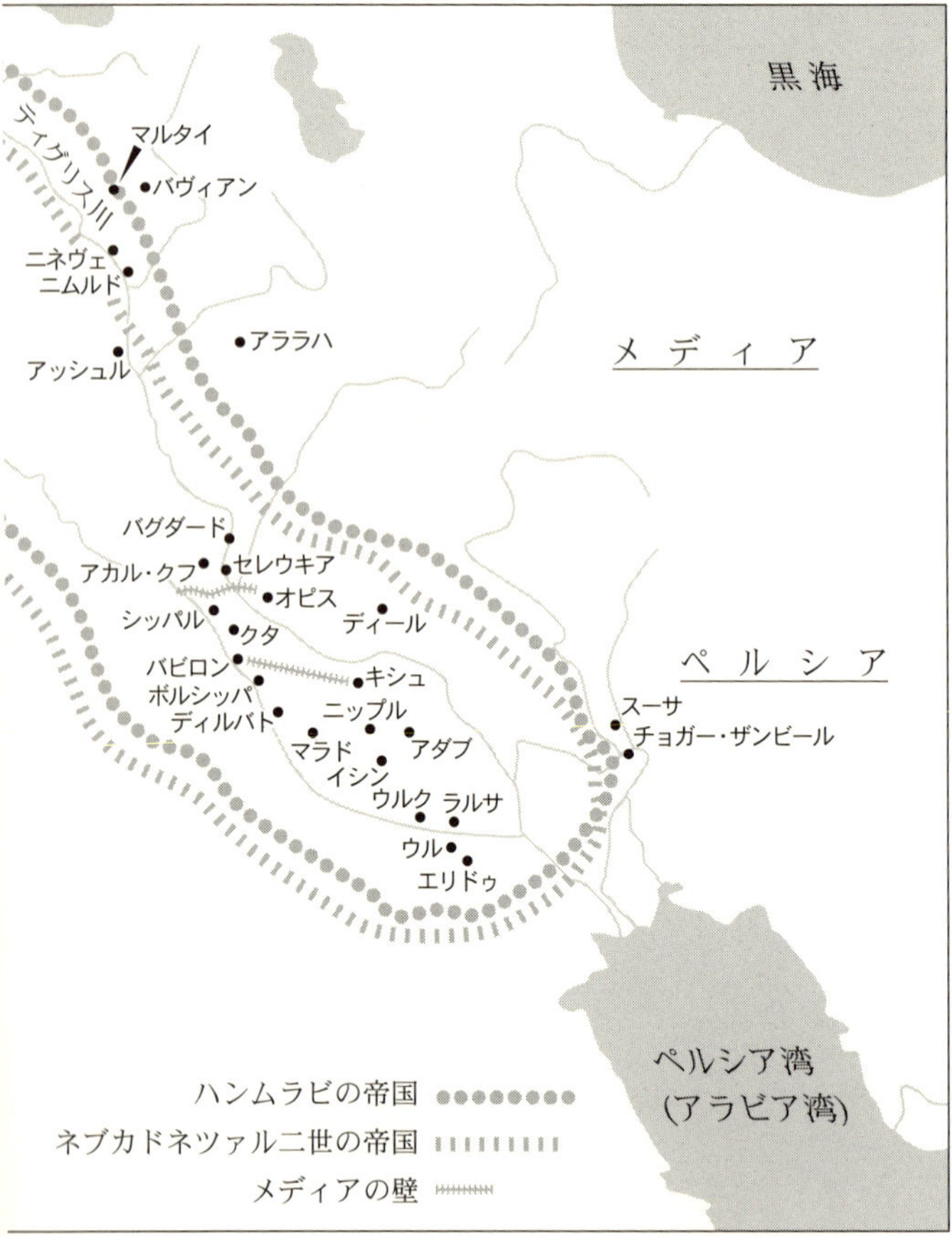
黒海
ティグリス川
マルタイ
バヴィアン
ニネヴェ
ニムルド
アッシュル
アララハ
メディア
バグダード
アカル・クフ
セレウキア
オピス
ディール
シッパル
クタ
バビロン
キシュ
ボルシッパ
ディルバト
ニップル
マラド
アダブ
イシン
ウルク
ラルサ
ウル
エリドゥ
ペルシア
スーサ
チョガー・ザンビール
ペルシア湾
(アラビア湾)
ハンムラビの帝国
ネブカドネツァル二世の帝国
メディアの壁

（前605～562年）

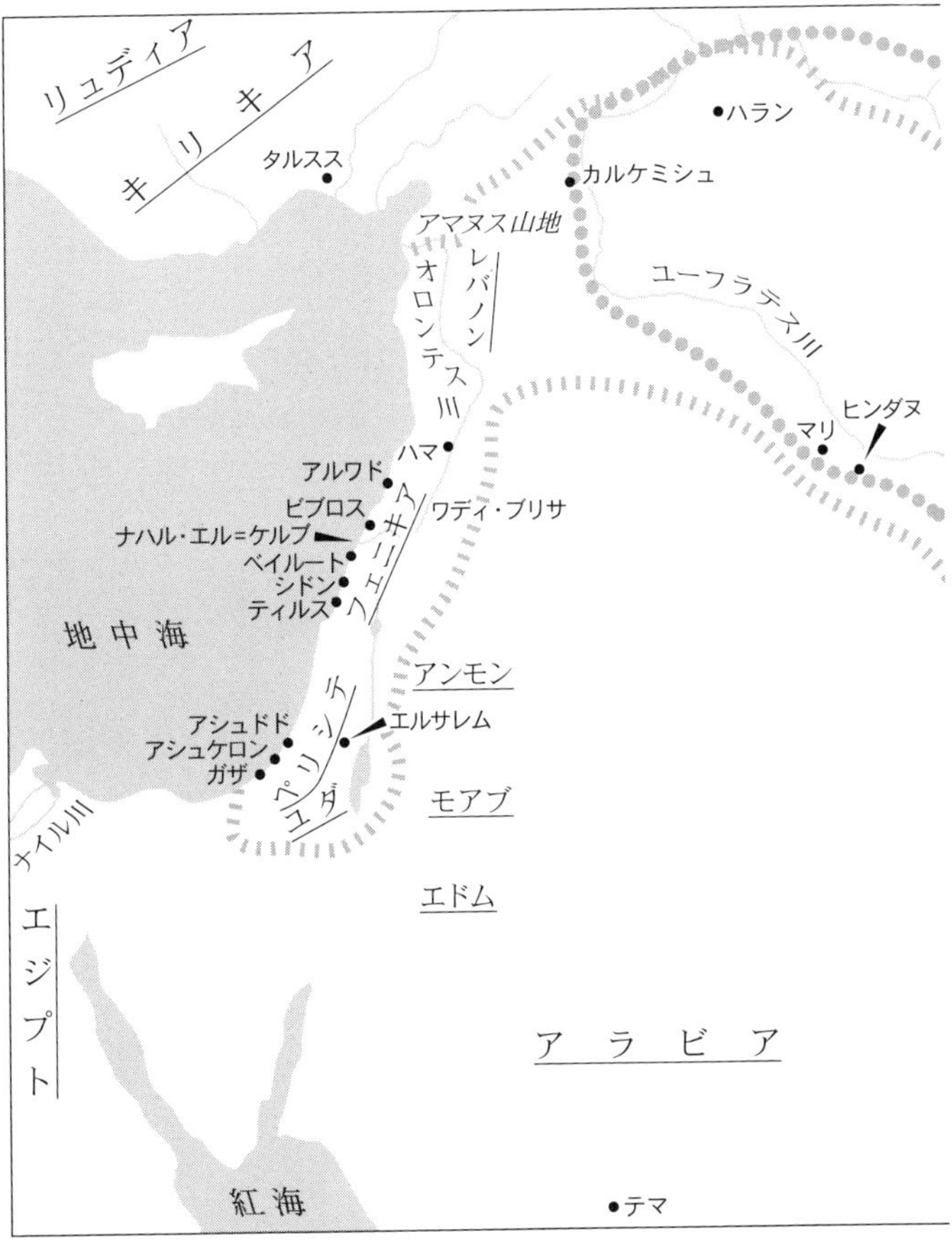

図1　ハンムラビの帝国（前18世紀）と　ネブカドネツァル二世の帝国

ヘブライ語聖書の「バベル」はバーブイルの音訳である。バベルの名は『創世記』では、ヘブライ語の動詞「バーラル」の意味「混ぜる、混乱させる」に引っかけた民衆語源説に基づいて、否定的な解釈を与えられている。「こういうわけで、この町の名はバベルと呼ばれた。主がそこで全地の言葉を混乱(バラル)させたからである」(『創世記』一一：七―九)といった具合に、バビロンは混乱の都として登場する。(1)このようにバビロンの名にさまざまな解釈と表記が与えられていることもまた、この町の歴史と伝説の一部をなす。

(1) 聖書からの引用は、日本聖書協会の新共同訳に準拠した〔訳註〕。

第一章　われわれの史料

楔形文字の文献が解読され、遺跡が調査されるまで、バビロン——ユーフラテス川沿いにあり、近代都市バグダードから九〇キロメートルの地点に位置する——は、その記憶をとどめて西洋文化に伝える聖書と古典著作とを介して知られるにすぎなかった。バビロニアの諸王は碑文のなかで、この町を世界の首都たる町として讃えた。町の名声は異邦人によって倍加されたが、彼らの見聞がバビロンの権勢と栄華の時代から下るにつれて、歴史はやがて伝説に変わった。聖書はおもにバビロンの政権に関わる情報を伝え、後代の古典はおもにバビロンの威容と豪奢を伝えた。この町の建築と文化・社会生活についての理解を深めるためには、ことに最盛期たる新バビロニア時代に関しては、考古学資料と文献資料が相補的で不可欠なものとなる。

バビロニアの諸王の名については、一〇〇〇年以上前から正しい表記が知られているが、聖書や古典のなかの変形された表記を用いるのが慣例となっている。

楔形文字の史料――王名表や歴代記には歴史的事件が記されている。バビロンの建設を王権の発祥時にまで遡るとする**初期バビロニア歴代記**は、前二千年紀末に編纂されたものと考えられる。ナブー・ナツィル王の時代になると、新たな歴史観が開かれる。前七四七年に月蝕が初めて観察され、事件の日付を正確に定めることが可能になったのだ。前七四五年以降、毎年の特筆すべき事実を粘土板文書に記した**バビロニア歴代記**が現われる。これは歴史を記録する目的とともに、学者が星の動きを読むための資料として作成されており、簡潔で正確、信頼性が高い。前七四五年以前の時代に関しては、行政文書――その時期は、前三千年紀末から二千年紀初頭については王が前年に行なった最も重要と考えられる事績[1]に基づいて命名された年名により、以降については王の治世年により同定される――が、相対的ながら継時的な年代確定のための基礎史料となる。

（1）監修に当たられた中田一郎教授より、「前三千年紀末についてはその年の事績、二千年紀中頃については前年の事績」としたほうが正確との示唆があったが、著者からは右の記述を維持するとの見解が示された〔訳註〕。

奉納物に記された**王碑文**も史料として利用することができる。石碑や磨崖碑――遠征軍が通った道に残されている――であり、軍事遠征や王の行なった宗教行事、土木事業などの事件を記したものである。

煉瓦、テラコッタ円筒、石板などの定礎碑文には巨大建築物の造営や修復の事実が記されている。歴代の王は、自己の治世下の重要事や神々の栄光のために行なわれた都市土木事業の記憶をとどめるべく心を砕いた。なかでも新バビロニアの諸王によって残された数々の奉納碑文は考古学的発見とおおむね合致し、今日では消失した巨大建築物の装飾や調度類についての補足的な史料となる。文書の一部は壁のなかに埋められたままの状態で発見され、建築物の特定を可能にした。これらの文書からはバビロンの歴史や外観の概要が生きいきと、ときには正確に伝わってくる。

だが、バビロンの町の外観に関するわれわれの主要な文献資料は、**地誌書**と呼びうるだろう一連の文書である。楔形文字で粘土板に、アッカド／バビロニア語または文化語たるシュメール語で記されている。町の周壁や門、多層塔《ジックラト》などの建造物に施された工事の平面図や覚書は貴重な史料となる。これらはおもに前一千年紀のものである。最も興味深い文献——**『ティンティル』**すなわち**「バビロン」**と呼ばれる——は前十二世紀末、すなわち『初期バビロニア歴代記』が記されたネブカドネツァル一世時代に遡ると考えられ、世界の中心たる聖都バビロンを讃えるために編纂された。四枚ないし五枚の書板からなる長大な覚書であり、紀元後に作製されたものも含めた後代の写本によって保存されてきた。バビロンの宗教的地誌がさまざまな聖所の目録の形で詳細に記されている。神殿、聖堂、祭壇に加え、祭の行列の通り道や、町の聖域の防備を固めるために神格化されたり神々の保護下にあるとされた川、周壁、門が列挙されている。民家については記されていない。この著作は、世界の認識を深めるために目録化するというメソポタミアの学問的な語彙集の伝統の流れを汲む。町の記述に加え、宗教上ないし地誌上の短いコメントが添えられている。マルドゥク祭儀が最盛期に達した時期のバビロンの平面図は、後代になっても変わらなかった。基本的な配置は、ネブカドネツァル二世期をはじめ後代になされた修復・拡張・美化事業でも踏襲された。この文書に記されたさまざまな聖所の配置は発掘調査によって確認されている。

同時期にバビロンの学者によって『創成神話』、あるいは書き出しの語をもって著作の呼称とするメソポタミアの慣習により『エヌマ・エリシュ』として知られる長大な断章が編纂された。マルドゥクおよび宇宙の中心たるバビロンを讃えた文書である。七枚の書板からなるこの長文叙事詩には、マルドゥクが絶対的な権力を獲得し、地上のバビロンの原型となった天上のバビロンを建設したと述べられている。他にも、春先の新年に執り行なわれた祭儀や祭礼について記した文献などが残っている。

バビロンの知的・宗教的な生活を知るうえで、科学者文献もわれわれの基礎史料となる。天文、占い、祓魔、医術、哀歌といった科目は、神的な霊感を源泉としつつ、メソポタミアの学者によって公認され、科学と混同されていた。天文観測――数学に基づく――からは史料価値の高い占い文書が生みだされた。神殿と王宮の管理やバビロニア人の私生活については、バビロンあるいは他のバビロニアの遺跡で発見された**文書群**によって知られている。そこには神殿のような大規模な経営体の運営の様子が記されている。神殿は広大な領地――畑やナツメヤシ園など――を経営し、また神々の祭儀や日常業務を執り行なうために、多岐にわたる無数の用員を抱えていた。これらの文書からは、西方起源のセム系遊牧民――アラム人やカルデア人など――の侵攻により前一千年紀を通じてバビロニア社会の混血化が進んだこと、新バビロニアの諸王が強制移住政策を行なったことが窺い知れる。バビロンの住民の一部は西セム語系の言語を用いていた。音節表記の楔形文字によるバビロニア語で書かれた数々の契約書のなかには、アラム系の証人の名前が線形のアラム文字でインク書きされたものや、バビロニア文書の要約が記されたものもある。

聖書史料――「バベルの塔」についての『創世記』（一一：一―九）の物語は、バビロンの名を後世に残すのに大きく寄与したが、聖書史料の主要な意義は史実の側面にある。聖書のなかで言及されたバビロニアの最初の王は、前八世紀末にアッシリアに対抗してユダの王と同盟を結ぼうとしたメロダク・バルアダン（バビロニア語ではマルドゥク・アプラ・イッディナ）である。しかしながら、史書や預言書でおもに語られるのは、前五九七年と五八七年のエルサレムの陥落と破壊に続いてネブカドネツァル二世（ナブー・クドゥリ・ウツル）が行なったヘブライ人のバビロン捕囚の物語である。「捕囚の唄」と呼ばれる一節に「バビロンの流れのほとりに座り／シオンを思って、わたしたちは泣いた」（『詩編』一三七）と捕囚のことが歌われている。この時代に編纂された『列王記』下巻（ついで『歴代誌』）、エレミヤやエゼキエルの預言書はかなり信憑性が高い。これらの書は選ばれし民に向けて、バビロンが不信心な民に対する神の怒りの具であったことを知らしめるために書かれたものだからである。

エレミヤの投げつけた呪いの言葉には、この大都市に対して敵対者でさえも魅力を感じていたことが示されている。「バビロンは主の手にある金の杯／これが全世界を酔わせた。／国々はその酒を飲み／そのゆえに、国々は狂った。……全世界の賛美の的であったものが捕らえられた。……バビロンが占領される物音で大地は揺れ動き／叫びの声は諸国民の間に聞こえる」（『エレミヤ書』五〇－五一）。エレミヤは政局、すなわちバビロンとユダ王国の関係を鋭く分析した。**エゼキエル**は、バビロニアに暮らしたエルサレムの神殿の祭司である。彼はバビロンの王に敵対的な予兆と呪詛の狭間からも読み取れる史実に加え、バビロニア社会がいかに洗練されていたかを端々に伝えている。**イザヤ**（第二イザヤ）は前五五〇年から五二〇年、新バビロニア王朝最後の王ナボニドス（ナブー・ナイド）の時代からペルシア帝国初期にかけての預言者である。彼は預言という形式を用いて、バビロンの陥落、捕囚民の帰還、エルサレムの復興を語っている。

最も年代の新しい物語は史実を伝えるが、不確かな要素も入り込んでいる。時代が下るにつれて原典から遠ざかったためである。また、この仇敵を選ばれし民の敵として、放埒の体現者に仕立てようとする思惑が働いていた面もある。『ダニエル書』の冒頭では、捕囚時代にバビロンで占い師を務めた英雄ダニエルの模範的な生活が語られるが、そこではナボニドスの事績がネブカドネツァル二世に帰せられている。同書の成立年代は前二世紀と思われるが、バビロンの王の夢を読み解く占い師についてのくだりなどには、古い時代の伝承からの借用が見られる。ネブカドネツァルは後代の書物でも当代の王として挙げられている場合がある。歴史的な敵の象徴たる神話的人物と化しているのである。

後一世紀には、七〇年にエルサレムの神殿を破壊したローマとバビロンが同一視されることもあった。この新たなるバビロンの失墜はヨハネの『黙示録』で予告され、バビロンは魔都のたとえとして世紀を超えて語り継がれていく。

古典史料――新バビロニア帝国下のバビロンの最盛期、ネブカドネツァル二世期よりも後代のギリシア語とラテン語の古典著作は、バビロンを伝説的な姿のもとに描きだした。史実の側面に関しては、彼らの知識は歪められていた。とはいえ、彼らの物語には町の地形や外観に関する記述もあったため、二〇世紀初頭にドイツの考古学調査隊が広大な遺跡で困難な発掘調査に臨んだ際の手がかりとなった。

ヘロドトス（前四八五〜四二〇年頃）の『歴史』（I：一七八－一八六）には、ペルシア支配時代の新バビロニア王朝の崩壊から一〇〇年足らずのちのバビロンについての記述がある。アッカド語の楔形文字がまだ用いられており、「カルデア人」と呼ばれる学者が担うバビロニア科学は絶頂期にあった。ヘロドトスは周壁について語り、市中のユーフラテス川の流れ、網の目のような街路、水利工事、マルドゥクに関わる複合宗教建築施設、そこで催された祭礼について述べ、地理や風習や制度、バビロニア人の日常生活を伝えている。彼がバビロニアを訪れたことがあるかは不明であり、根拠としたのは過去の旅行者の物語や、バビロンが前四八二年にクセルクセス一世によって荒らされる前の栄華の時代を知るバビロニア人たちの見聞だった。ヘロドトスは信頼に足る史実も拾い集めたが、その一方ではサルダナパロス（アッシリアのアッシュルバニパルとその兄弟でバビロンを治めたシャマシュ・シュム・ウキンを混ぜあわせた人物）やセミラミス、ニトクリス（実際はネブカドネツァル二世のこと）といった伝説の種も作りだした。

バビロンの伝説は二次資料や三次資料を介して後世へと伝えられた。ギリシアの古典史料は周壁やユーフラテス川に架けられた橋、空中庭園などを語り、バビロンを世界の不思議のひとつとする伝承を広めた。想像を絶するような庭園の存在は当初は町の防備体制ほど広く信じられはしなかったものの、のちに古代世界の七不思議として決まって挙げられるようになったのは、この庭園のほうだった。バビロンは衰退を続け、周壁の上に設けられた庭園だけが後世の記憶にとどめられた。

さらに古い伝承については後代の著作家が伝えている。そのひとりが前四世紀初頭にアルタクセルクセス二世の侍医を務めた**クニドスのクテーシアス**だが、原著（『ペルシア史』）は失われてしまった。**シチリアのディオドロス**が、前一世紀に書いた『神代地誌』（II：七‐一一）のなかで、バビロンについての知識をクテーシアスから借用している。彼がそこで記述した巨大建築物の一部も、前六世紀初頭にネブカドネツァル二世によって造営されたものである。ディオドロスは周壁と王宮、その施釉煉瓦の装飾、そして空中庭園のことを特筆した。**ストラボン**（前五八～後二〇年頃）の『世界地誌』（XVI：一、五）にはバビロン、世界の七不思議のひとつである周壁、そして空中庭園についての記述がある。後一世紀の**クイントゥス・クルティウス**は『アレクサンドロス大王伝』（V：一）のなかで、ユーフラテス川に架けられた橋や空中庭園について語っている。他には**大プリニウス**（『博物誌』VI）、ギリシアの歴史家**アリアーノス**（『アレクサンドロス遠征記』七：一七）、ローマの歴史家**ユスティヌス**（『世界史』I）などがいる。後三六三年にユリアヌス帝のペルシア遠征に随行した**アンミアヌス・マルケリヌス**は『歴史』（二三：六）

のなかで、大バビロンの建設の伝説について述べている。

前三世紀初頭にバビロンでマルドゥク祭司職にあったベロッソスは、バビロニア語の史料と古典史料を結びつけて『バビロニア史』ないし『カルデア史』と呼ばれる自国史をギリシア語で著わし、アンティオコス一世に捧げた。同書については「断章」およびアレクサンドロス・ポリュイストル（一世紀）による編纂書に基づいたフラウィウス・ヨセフス（一世紀）、アビュデノス（二世紀）、カイザリアのエウセビオスあるいはアレクサンドリアのクレメンス（四世紀）による「報告」しか残されていない。ベロッソスは世界の創造、バビロンの塔、ネブカドネツァル二世に言及していた。カイザリアのエウセビオスの『年代記』に再録されたベロッソスの第三巻には、アッシリア王ティグラト・ピレセル三世（前八世紀末）からアレクサンドロス大王に至るまで、バビロンに君臨した王の歴代記が示されている。ベロッソスはこれを次のように言い表わした。「バビロンの祭司団によって長きにわたって注意深く保管されてきた古文書……これらの古文書には天地と最初の創造と諸王の歴史、ならびに彼らの治世下の事績が記されている」（『断章』一：一）。史料をバビロニアの歴代記と対照してみれば、それらの典拠が歴代記にあることがわかる。ネブカドネツァルの事績に関する一節には、彼の事績の主要部分が迫真性をもって要約されている。「ネブカドネザロスは父の死を知った……（前六〇五年、ネブカドネツァルは西方のエジプト国境で交戦中だった）。……彼はエジプトおよび同地域一帯での仕事を片づけると、何人かの友に対し、ユダ、フェニキア、シリア、エジプトの捕虜をひとまとめにして軍の主要部隊と他の戦利品とともにバビロンに連行するように命じた。彼自身も……砂漠越えを行なってバビロンに合流した。……彼は父の王国の全土を掌握した。……ベール（マルドゥク）の神殿と他の神殿を戦利品によって豪勢に飾りたてた。旧市域を強化し、その外に新市域を増設した。市内域を三重の壁で囲み、市外域も同じく三つの壁で囲み（二つの城塞が小バビロンと大バビロンを分かつ）、包囲軍が川の流れを変えられないようにした。……町を見事に壁で囲み、この聖所（「イシュタル門」）にふさわしく町の門を飾ると、父の王宮（「大王宮」）近くに別の王宮を造営した。……この王宮は、並はずれた規模の壮麗なものであったが、十五日間で完成した（とネブカドネツァルは言う）。彼は王宮のなかに石造りの高いテラスを設け、ありとあらゆる種類の樹木を植えた山に見せかけて、いわゆる空中庭園をしつらえた。それは、メディアで育ち、山がちの環境を侘びる妻のためであった！」

プトレマイオスは後二世紀初頭に、前八世紀のナブー・ナツィル時代に始まるバビロニアの王名表を作成した。『プトレマイオスの目録』と呼ばれる王名表は彼のバビロニア天文観測史と同様、ベロッソスの著作に想を得たものである。この著作は中世およびルネッサンス期の知識の主流をなした。

これらの史料により、ネブカドネツァル二世の帝都の名声は数千年の歳月を超えてとどろくことになる。カルデアの学者たちの秘密は古典時代や西洋中世の著作家を魅了し、『創世記』で物語られる「バベルの塔」の神話は作家や芸術家を触発した。歪められたバビロンの像は、混沌と豪奢と放埒に結びつけられた。このような負の魅力を簡潔に示すのが、十三世紀のフランシスコ会修道士ヴェローナのジャコミーノによる著作の題名『天上の都エルサレムと地獄の都バビロンについて』である。

アラビア語史料——九世紀の**イブン・フルダーズベ**以降の中世アラブの地理学者は、ギリシア、ペルシア、ユダヤの古典史料から、バービルが第一の王権の座であり世界の中心であったという知見を得た。数世紀後の**アル・ヒムヤリ**は、目に麗しく輝かしいバービルが大洪水のあとに建てられた最古の都市であったと述べる。

中世と近代の西洋人旅行者（図1・2・3）——古代バビロンの丘のひとつにあるネブカドネツァル二世の王宮跡は、中世ヨーロッパの初期の旅行者が訪れた時点でも、テル・バビル〔バビルの遺丘〕というわかりやすい名前で呼ばれていた。丘の高さが三五メートルもあったため、バベルの塔はそこにあったと見られるようになった。しかし、冒瀆の塔のあった場所として長らく最有力視されたのは、そこから一五キロメートル南方のビルス・ニムルドと呼ばれる場所——マルドゥクの息子たるナブー神の都ボル

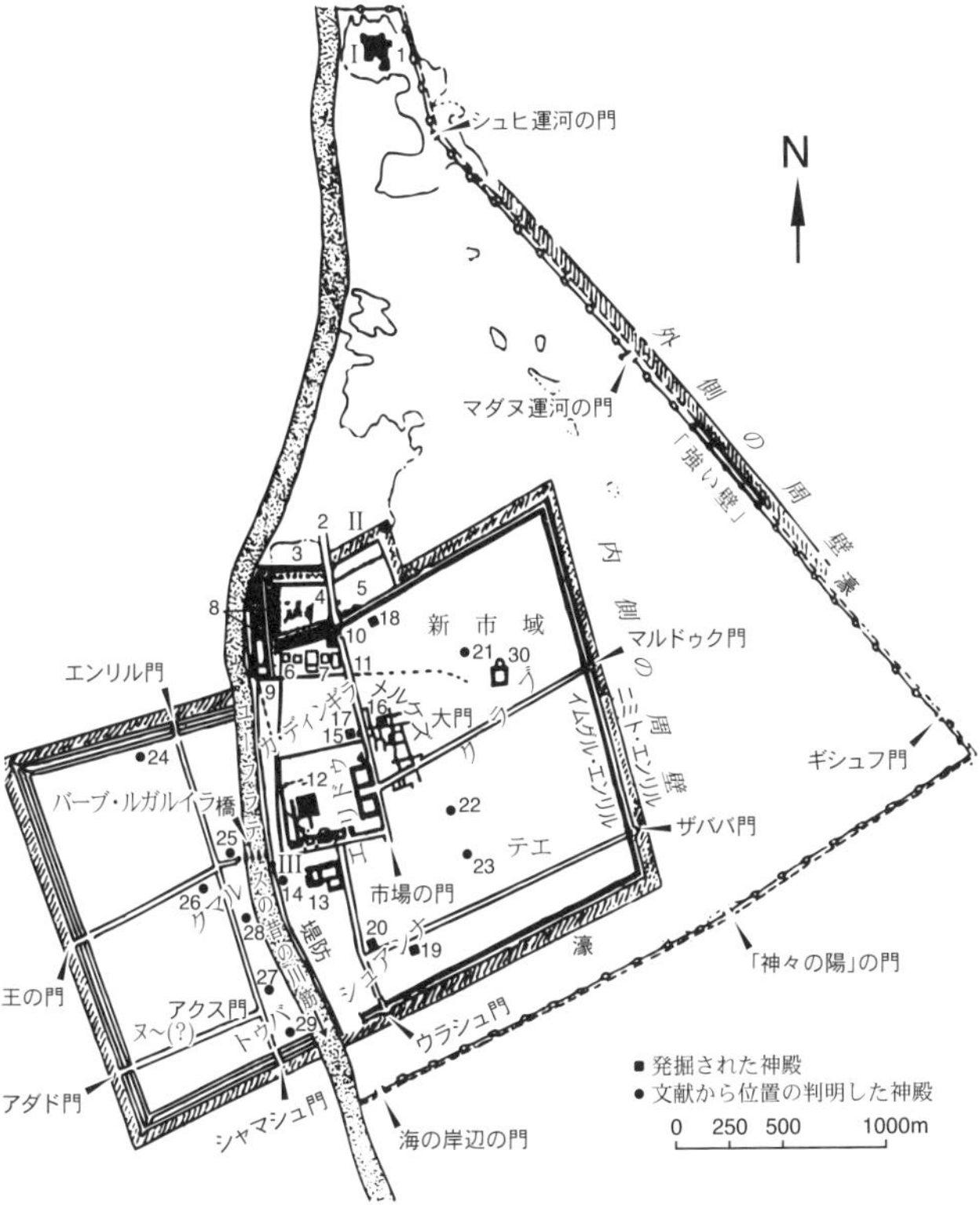

図2　バビロンの平面図（Bergamini,1977; George,1992 による復元）

I. テル・バビル；II. カスル；III. テル・アムラン・イブン・アリ；1.「夏の王宮」; 2. マルドゥク行列道路 (バビロン通り)；3.「北の稜堡」; 4.「北の王宮」; 5.「貯水場」; 6.「南の王宮」; 7. リビル・ヘンガラ運河；8.「空中」庭園 (？)；9.「西の稜堡」; 10. イシュタル門；11. ナブー行列道路；12. ジックラト：エテメンアンキ；13. マルドゥクの下方神殿：エサギラ；14. エア神殿；15. ナブー・シャ・ハレー神殿；16. アッカドのイシュタル神殿；17. アシュラトゥ神殿；18. 母神（ニンマハ）神殿；19. ニヌルタ神殿；20. イシャラ神殿；21. イシュタル (エアンナの婦人) 神殿；22. シン (月神) 神殿；23.「神々はマルドゥクに耳を傾ける」聖壇；24. ニネヴェのイシュタル神殿；25. エンリル神殿；26. エア神殿；27. シャマシュ (太陽神) 神殿；28. アダド (嵐神) 神殿；29. イシュタル (エアンナの婦人) 神殿：30. ギリシア劇場

シッパの古いジックラトの跡であることがのちに判明した――である。ここから北方九〇キロメートル、バグダード郊外の現アカル・クフ村に残っているドゥル・クリガルズの素晴らしい遺跡も、ジックラトの煉瓦製の中核部分が見つかったことで混同を呼び起こした。バビロンには多くの旅行者が訪れている。

スペインのラビ、**トゥデルのベンジャミン**は、バビロンと周辺地域を一一七〇年頃に訪れて遺跡について記し、この死都を迷信に満ちた空気が取り巻いていると述べた。「私はかつて三万の迂路に満ち、現在は完全に廃墟と化しているバベルの跡を訪れた。ネブカドネツァルの王宮跡はいまも残っていたが、龍と毒獣の巣になっているために、近づくことはできなかった」。この廃墟がバビロンの最も有名な王の統治の座であったという意識は記憶にとどめられ、呪われた大バビロンの亡霊は当時もなお恐れられていた。

この伝説の残響は一五七四年、シュワーベン〔ドイツ〕の医師**ラウヴォルフ**の記述にも認められる。「城塞の跡はいまでも見ることができる。……後方には……ノアの子らが天まで上ろうと企てたバビロンの塔がある。……直径は半里ほどだが、まったくの廃墟と化しており……半マイル以内に近づくことはできない。……（そこの）虫はわれわれの蜥蜴より大きく、頭が三つ叉になっているという」

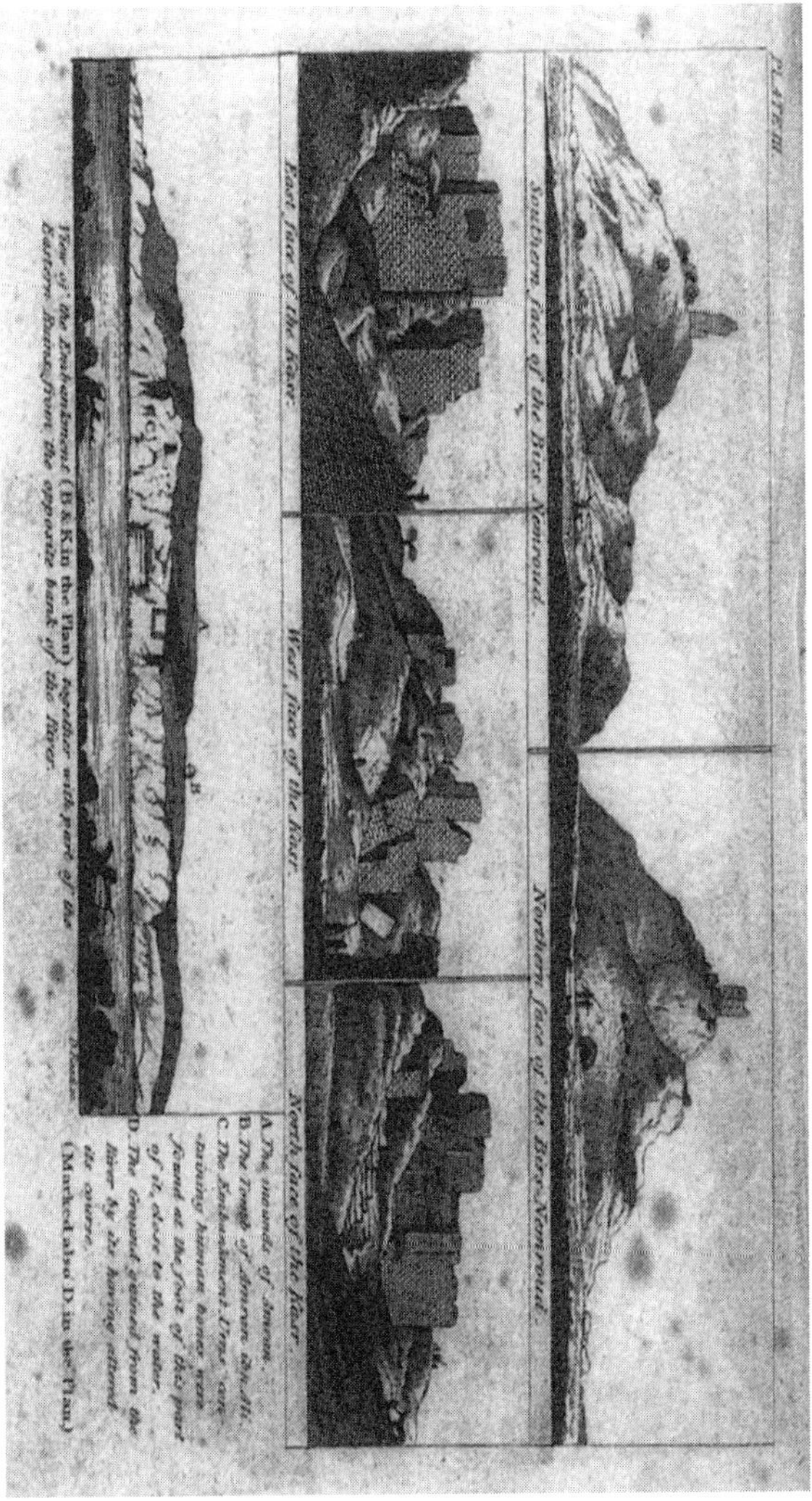

図3　ビルス・ニムルドおよびカスル（リッチ，1815年，図11による）

廃墟の客観的な記述を得るには、一六一六年にバビロンを訪れたイタリア人ピエトロ・デッラ・ヴァッレの旅行記を待たなければならない。「広大で起伏に乏しい平原のただなか、それを横切るユーフラテス川からおよそ半マイルのところに……廃材がいまなお聳え立ち、山のようになっている。……この山は、世界の四方に沿った四面からなる正方形の塔あるいはピラミッドをなす。……その規模、位置、形態は、ストラボンがベロスの墓と呼んだピラミッドに匹敵する。聖なる書でバビロン、あるいは今日もその名をとどめるバベルの町にあったニムロドの塔として言及されているピラミッドに違いない。……この廃墟の山からは、かつてそこに、あの名高いバビロンのような大都市があったと思わせるものは何も認められない」。彼のテル・バビル北部の記述には旅行者、ついで初期の考古学者がバビロンの巨大建築物の遺跡特定に難儀したことが感じられる。古代メソポタミアでは泥煉瓦、ときには焼成煉瓦が基本建材として用いられたため、後世にはほとんど何も残らなかった。ピエトロ・デッラ・ヴァッレがバビロンの煉瓦を初めてヨーロッパに持ち帰ったことで、ようやく当時の製造技術を研究できるようになった。

これらの旅行者のうち、デンマーク王フレデリク五世が派遣した調査隊に同行したデンマーク人数学者カルステン・ニーブールは、バビロンを一七六五年に訪れている。彼は遺跡を記述して、「空中庭園」

と「ベール神殿」を識別したと考えた（ニーブールはこのほかにもペルセポリスの楔形文字の碑文を写し取っており、それが楔形文字解読の基礎となった）。

一七八一年から一七八五年にかけてバビロン司教総代理を務めたボーシャン神父は、遺跡で煉瓦や碑文の記された粘土製円筒を収集した。テル・バビルを採石場として利用するひとりの村人から、「施釉煉瓦でできた牝牛や、太陽と月の図が壁に作りつけられた部屋」が見つかっていると聞いたからだ（『学者の日録』一八九〇年）。これらの考古遺物の一部――ネブカドネツァル二世の定礎碑文――は〔フランス〕国立図書館に寄贈され、一七八六年に植物学者ミショーが持ち帰った境界石《クドゥル》、すなわち王の寄進を記念した前十一世紀の石碑とともに、フランスの古バビロニア・コレクションの初期の中核となった。

初期の現地調査――バビロン遺跡に関する系統的な研究は十九世紀初頭に始まった。イギリスのバグダード総督**クローディアス・ジェイムズ・リッチ**が一八一一年に遺跡を訪れ、二冊の手記を発表した。そこには遺跡の筋道立った記述と主要な三つの丘（テル・バビル、カスル、テル・アムラン・イブン・アリ）の平面図が含まれ、王宮およびマルドゥクに関わる複合宗教建築施設の遺構が取り上げられた。彼は最も手の込んだ建築を探し当てた。それは多層塔《ジックラト》の遺構であったことが判明する。「煉瓦はおよそ考えられるうちで最も精巧に作られている。ここが煉瓦の最大の貯蔵地と化しており、昔から盗掘が絶えないにもかかわらず、まだ豊富に残っているようだ」。リッチはテル・バビルの発掘に取り組んだ。また、バビロンの塁壁の主要部分について記し、碑文資料と考古遺物を大英博物館に持ち帰った。

一八五二年には、技師フュルジャンス・フレネルと文献学者ジュール・オペールに率いられた**フランスのメソポタミア学術調査隊**がバビロンの探掘に乗りだした。カスルでは人間を踏みつけるライオンの姿をした玄武岩製の巨大な石像が発見された。これはバビロンの王が蓄えた財宝の一部である。施釉煉瓦やネブカドネツァル二世の定礎円筒碑文の破片も見つかった。さらに後代の墓からは豪華な調度品が出土した。この調査によって集められ、ルーヴル美術館に送られるはずだった古物の大半は、一八五五年五月にティグリス川で船が難破したために、アッシリアでヴィクトール・プラースが発見した品々とともに失われた。この調査隊の最も興味深い成果は、オペールがバビロンの外側の周壁の画定に成功し、遺跡の平面図を完成したことである。彼は楔形文字の解読に貢献した功績で、一八七四年よりコレージュ・ド・フランスの初代アッシリア学教授に着任した。オペールは一八五七年に『アジア学会報』で、「諸言語《バベル》の塔のネブカドネツァルによる再建に関するボルシッパ碑文」という示唆に富んだ題名のもと、バビロニアの長大な碑文の翻訳を付した研究論文を発表していた。これは、同じく楔形文字を解読したローリンソン大佐がビルス・ニムルドで見つけた定礎円筒碑文に関わる論文である。オペールの発表も、バビロンの多層塔《ジックラト》がこの地にあったとする伝説に従ったことになる。

大英博物館の委託による三度に及ぶ発掘調査は、一八五四年、一八七六年、一八七七年にイギリス人によって実施された。一回目は二人のアッシリア学者ヘンリー・ローリンソンとジョージ・スミスによって率いられた。二回目の隊長はホルムズド・ラッサムで、ペルシア帝国の創始者キュロス大王によるバグダード陥落を記念した定礎円筒碑文をロンドンに持ち帰った。三回目は、のちに古代エジプト近東部門の学芸員となるウォリス・バッジによって遂行された。

発掘――ドイツによる学術発掘調査の結果、ようやく多層塔《ジックラト》の実際の跡地が発見されることになる。この調査隊はベルリン博物館とドイツ東洋学会の後援のもと、隊長ロベルト・コルデヴァイ、副隊長ヴァルター・アンドレの指揮により、一八九九年から一九一七年にかけてバビロンで作業を行なった。彼らは古典著作に深く影響され、イギリス人やフランス人によって作製された平面図と自作の見当図を携えて、新バビロニア時代の主要な王宮が埋もれていたカスルという遺丘《テル》の発掘を開始した。ほどなく「イシュタル門」が出現した。王宮群が出土したのち、発掘は南方に向け、路面の出土した行列道路に沿って続けられた。これを軸線として、ヘロドトスの述べたベールの神殿に至ることができると考えたからだ。コルデヴァイはテル・アムランの厚さ二〇メートルの瓦礫層の下にトンネルをくり抜き、バビロンの主神マルドゥクの神殿たる複合建築施設があることを突き止めた。その遺跡は一部が出土するにとどまった。多層塔《ジックラト》の発掘は、それまで遺跡を覆っていた地下水の水位が下がった一九一三年に開始される。二〇〇〇年以上にわたる略奪と破壊ののち、そこに残されていたのは泥煉瓦製の中核部分と焼成煉瓦製の被覆部分のそれぞれ一部にすぎなかった。ここではほかに、一九〇七年から調査の始まった町の中心部の住宅区域——発掘調査隊はこれをメルケズ（アラビア語で中心街の意）と呼んだ——や、複数の神殿、塁壁の一部が発見された。テル・バビルの王宮とユーフラテス川に架けられた橋の遺構も調査され、ネブカドネツァル二世の首都の平面図が少しずつ明らかになった。建築物や建築装飾の豊かさからすれば、見つかった遺物は貧しいものだった。しかしバビロンは過去に何度も略奪を受けている。この発掘調査により前一千年紀、すなわち新バビロニア時代とそれに続くペルシア、セレウコス、パルティア時代の主要な巨大建築物がすべて出土した。ユーフラテスの川筋が時とともに変わり、古代の施設を破壊してしまったため、旧市域の西側地区は発掘することができなかった。地下水が長いあいだに変動したせいで、前二千年紀初頭以前の考古学資料を得ることが妨げられたのだ。発掘によって古バビロニア時代の水位に到達できたのは限られた区域、すなわちメルケズとジックラトだけだった。

コルデヴァイの成果を検証するために、他の小規模の発掘調査が実施された。

——一九六二年から一九六五年にかけ、ハンスヨルク・シュミット率いるドイツ調査隊がジックラトの複合建築施設を精確に調査し、その復元を可能にした。

——一九七四年にはトリノのエジプト博物館の後援のもと、ジョヴァンニ・ベルガミーニを隊長とするイタリア調査隊が部分的な調査を重ねた。この調査隊は遺跡全体を調べあげた。地下水位の変化の調査を進めつつ、平面図を修正し、過去の発掘で出土した遺構の年代を確定した。一九八七年にはベルガミーニ率いるイタリア・イラク合同調査隊が、町の東南で短期間の発掘を行なっている。

——一九七八年にはイラクの調査隊が王宮の南方で図書館を含むナブー〔ナブー・シャ・ハレー〕神殿を発見した。彼らはその復元を試みており、現在〔二〇〇一年九月現在〕も作業が進められている。

第二章　バビロンの歴史（図1）

I　模範そして逆風の時代

起源――『初期バビロニア歴代記』には、前二十四世紀末にアッカド帝国を興したサルゴンが、バビロンにあった穴から土を取りだし、首都の向かいに新たな地を作ったと記されている。彼はこれをバビロンに似せて作ったことから、同様にバビロンと名づけた。アッカド語――バビロニア語はそこから派生した一方言――を話す最初の王に関する記述が後代の記録によるという点は注意を要する。バビロンへの言及がある最古の史料は、アッカド帝国最後の王シャル・カリ・シャリが崇拝した二柱の神々――うちアンヌニトゥはアッカドの大女神イシュタルと同一視される――に捧げられた神殿の定礎碑文である。

古バビロニア時代とハンムラビの帝国――バビロンは西セム系、すなわちシリア起源のアムル〔アモリ〕

人の王朝の時代に、近東史において傑出した地位を獲得した。その絶頂期は前十八世紀、「バビロン第一王朝」最大の王となった第六代ハンムラビの時代である。彼が基礎を築いたバビロンの権勢と名声は、ひとつには政治的な君主権の形で発揮されたが、それは続く数世紀のあいだに衰退していく。これに対し、バビロンの知的・宗教的な威光はメソポタミア文明の末期まで続き、オリエント世界をかしずかせることになる。ハンムラビ治下のバビロンは首都にして文芸創造の都、そして彼が帝国を築いたときに国家神となったマルドゥクの祭司団を中核とする哲学と神学の中心地となった。地上界でバビロンの王が上席権を占めるということは、その神が天上の神界で第一の地位を占めるということであった。この点は『ハンムラビ法典』の序文にも明記されている。「アヌム、崇高なる方、〔アヌンナック〕諸神の王、〔およびエンリル、天地の主、全土の運命を決定する方が、エンキ〔エア〕の長子、マルドゥクに全人民に対するエンリル権〔王権〕を割当て、彼〔マルドゥク〕を〔イギグ〕諸神のなかで偉大なる方とし、バビロンをその崇高なる名で呼び、四方世界でそれを最も優れたるものとし、その〔バビロンの〕ただなかでその基礎が天地の〔基礎の〕ごとくに据えられた永遠の王権を彼のために確立した」(1)。マルドゥクの権威は以後数世紀にわたり高まっていく。

（1）「法典」からの引用は『ハンムラビ「法典」』〔中田一郎訳、リトン、一九九九年〕に準拠した〔訳註〕。

ハンムラビの時代は豊富な外交・行政文書のおかげでよく知られている。首都バビロンは王が全権を握る王国の政治・経済・法・行政活動の中心地となった。ハンムラビは近隣の勢力――おもに北方のアッシリアの王やユーフラテス中流域のマリの王――と軍事同盟を結び、ついで領土を併合した。彼の帝国はメソポタミア全域に拡大した。道徳律が守られるように社会を組織することが権力の基盤となることを認識していたハンムラビは、「地に正義を確立する」王として、国を健やかなものとするよう、この使命を遂行するよう、神々に選ばれたと自称した。その成果が「法典」である。

「ハンムラビ法典」（図4）――これはバビロニア王国の大都市に一部ずつ保有されていたと考えられる玄武岩製の石碑であり、最上部を飾る素晴らしい浮き彫り――正義の神シャマシュの前で祈る王の姿――と美しく刻まれた楔形文字によって美術品となっている。文学作品でもあり、法律の手引書でもあり、バビロンが一五〇〇年にわたる文化的・思想的優位を確立した時代の政治と社会を伝える歴史の証でもある。

その詩的な序文は王の即位を賛美し、征服した都市に繁栄と平安をもたらした王国の政治的拡張を要約する。ルーヴル美術館が所蔵する石碑の名のもとになった最長部分は、簡明な言葉で書かれた二八二条の法文集であり、王が表明あるいは承認した決定を列挙する。取り上げられた主題は生活のあらゆる

図4　ハンムラビ法典，ルーヴル美術館蔵

側面を網羅した各章に分かれる。偽証、盗み、王室財産の管理、農業活動・貸借・住宅管理に関わる規制、商取引などである。家族関係には長い一章が割かれている。殴打や傷害に対する処罰に続けて、職業の営みや、労働者の賃金と雇用条件、債務奴隷や戦争捕虜に関する統制手段が示される。この「法典」はバビロニア社会を知るうえで類例のない情報源である。バビロニア社会は「自由民」（アウィールム）、平民（ムシュケーヌム）、奴隷（ワルドゥム）の三つの階級に分かれていた。彼らの地位は平等ではなかったが、王は「強き者が弱き者を虐げることがないよう」配慮していた。跋文は正しき君主たる王の役割を讃え、誰もが石碑の内容を知って見識を得ることを願う。神々の祝福を願う言葉のあとに、ハンムラビは後代の諸王に向け、自分の決定を尊重して国の秩序を守るようにとの忠告を置いた。

この碑の意義は多方面に及ぶ。これは第一に、法則たる普遍的原則に結びつかない〔個別具体的な〕所見の目録に基づくメソポタミアの学問から見た正義の執行に関する手引書であり、個別の判決に依拠した判例集である。また、王の栄光に捧げられた記念碑でもあり、彼が治世中に征服した領土の概要を記している。ハンムラビはこの版図において、アッカド王朝および前三千年紀末のウル第三王朝の諸王の称号、すなわち「四方世界の王」を名乗り、世界的な君主権を明言した。石碑はこの王の政治的遺言であり、後代の王に知恵と正義の理想的な模範を示そうとするものだった。

古バビロニア時代の精神──新たな思考によるシュメール思想の翻案──はおもに『アトラ・ハシス叙事詩』に認められる。この偉大な文学的・哲学的・霊的作品は、ハンムラビの四代後、前十七世紀末のアンミ・ツァドゥカの時代に作製された写本によって知られるが、原本は大王の時代に遡る。そこでは、エンキ／エア神が粘土をこね、生贄にされた神の肉と血を混ぜて作った人形から人間を創造したことが語られる。それゆえ精神の一部を神から授かった人間は、死後も供養儀礼によって生き続ける。人間の創造と運命についてのアトラ・ハシスの教義は、バビロニア文明の滅亡後も存続する。

これらの文献から、第一王朝時代のバビロンの見取図をおおよそ復元することができる。古バビロニア時代の王の年名──造営など前年にあった事件にちなむ──から年代が確定される行政文書は、考古学資料の補完となる。ハンムラビの祖父アピル・シンは前十九世紀末頃に円形の周壁を築き、これをハンムラビや後代の王が拡張した結果、内側の周壁は最終規模に近づいていった。年名からは神殿の存在も知られる。その位置はのちの文献中の記述や後代の建築層の発掘によって確定できる。巨大建築物は時代が下っても必ず同じ場所に復興する慣わしだったからだ。マルドゥク神殿たるエサギラは、それ自体が大規模な複合建築施設であった。多層塔《ジックラト》の最古の遺構はハンムラビ時代に遡ると思われる。

ハンムラビの治世の記憶は後代の王に付きまとい、バビロンが第一王朝時代の政治的威信に比肩する

――さらには凌駕する――ような実力を付けるまで、ながらく模範として仰がれた。

外国（カッシートとアッシリア）支配下のバビロン――バビロンの拡張は政治的な逆風を受けることになる。

バビロンは何度も包囲され、外国勢力の支配を受けて荒らされた。前十六世紀前半にはアナトリアから出たヒッタイトの大王ムルシリ一世が町を略奪し、マルドゥク像を人質として奪った。これをバビロンに戻したのはカッシートの王である。『バビロニア王名表』には、以後三六人のカッシート王が五七六年九か月にわたってバビロンを支配したことが述べられている。彼らは出身地に関わりなく、バビロニア文明とその言語、宗教を採用した。それ以前の彼らの文明と本来の言語については、若干の神名、固有名詞、専門用語ぐらいしか知られていない。バビロンは再び国際舞台上の一大勢力となってエジプトなどと外交関係を結び、バビロニア語は近東全域のリンガ・フランカ〔国際共通語〕となった。前十四世紀にはクリガルズ王がバビロン近郊にドゥル・クリガルズという新たな都市を建設し、これが政治的・軍事的な首都となった。しかしバビロンはその後も王国の宗教的・文化的な首都として、近東全域に影響力を及ぼした。バビロンが矩形の周壁を備え、一〇の街区を擁する都市となったのは、カッシート時代のことと思われる。

前十三世紀末にはアッシリア王トゥクルティ・ニヌルタ一世がバビロンを襲って周壁を破壊し、町を荒らした。マルドゥク像は再び国外へ、アッシリアへと持ち去られた。だが勝利者たちもバビロンの文化に魅了され、文学作品を戦利品として奪っていった。アッシリア王は「バビロンの王」を名乗った。
前十二世紀なかばにカッシートが覇権を回復すると、エラムのシュトゥルク・ナフンテがバビロンを破壊し、マルドゥク像はハンムラビの「法典」を含む貴重な古物ともども再び国外へ、スーサ（イラン）へと持ち去られた。

ネブカドネツァル一世の治世において回復された自由――それから四〇年足らずを経た前十二世紀末、ほぼ六世紀に及ぶ外国支配のあとに初めてバビロンを支配する地元王朝となった「イシン第二王朝」四代目のネブカドネツァル一世が、マルドゥク像を持ち帰った。民間宗教の対象として崇拝され、固有名詞にも頻繁に採り入れられ、着実に上昇していたマルドゥクの地位は、こうして公式に固められた。マルドゥクは「神々の王」と謳われた。ネブカドネツァルは自己の系譜を大洪水以前の諸王に遡らせるために『初期バビロニア歴代記』を編纂させたと考えられる。世界の中心となったバビロンの初源に結びつけられなければならなかった。宇宙と地上の心臓部としてのバビロン観には神話的な面と理知的な面が混じりあうようになり、多数の文献が記された。『創成神話』ではマルドゥクが神々の王座に就いたことが謳われる。この神は太古の勢力を打ち破って秩序ある世界を作りだし、神々の築いた神話上のバビロンの建国者となった（『エヌマ・エリシュ』六：五七－七三）。人間界ではバビロンの王が、敵の蛮族を打ち破って政治的秩序を作りだし、新たなバビロンの建国者となった。バビロンの市街全般がほぼ後代の形に定まったのはこの時期である。バビロンの宗教的地誌の叙述（『ティンティル』）が編まれたのも同じ頃と思われる。

新アッシリア王国による支配——完全には同化されなかった西セム系のアラム人およびカルデア人の諸部族が騒乱を引き起こしたため、短命の王朝が続いた。

バビロンの文化的優位に引きつけられたアッシリア人は、これを穏健な方法——神殿への寄進や王室間の婚姻など——によって、あるいは暴力によって征服しようとした。

カルデア人**ナブー・ナツィル**（前七四七～七三四年）が政権を掌握すると、彼の治下で『バビロニア歴代記』と『プトレマイオスの目録』によって新たな歴史の幕が開かれる。月蝕の観察によって正確な日付を定めることができるようになったのだ。彼が七三四年に死ぬと、アッシリア王**ティグラト・ピレセル三世**（前七四四～七二七年）がアッシリア＝バビロニア二重王国を治めた。バビロニアの内政へのアッシリアの直接的な干渉は、以後一世紀以上にわたって続く。しかしながら、軍事的な優越を誇るアッシリアは、政治的独立を求めて闘争することになるバビロニアの文化的優位に敬意を払った。

前七一〇年にはアッシリアのサルゴン二世（前七二一～七〇五年）がバビロニアに進軍した。バビロンの植物を集め、天文台を維持管理していたカルデア人のバビロニア王マルドゥク・アプラ・イッディナ二世（メロダク・バルアダン）は南方の湿地地帯へ逃れた。サルゴン二世は前七〇五年に死ぬまでバビロンを治め、神殿と塁壁を修復した。

前六八九年にはセンナケリブ（前七〇四～六八一年）が、バビロンの王に据えていた末息子を殺されたことをきっかけに、この聖都を破壊、略奪した。彼が殲滅を意図していたことは、第八遠征の物語（バヴィアン碑文三R、一四）で語られる。「……余はバビロンの征服を決し、進軍を急いだ。……町と家々を、礎から梁に至るまで、打ち砕き、叩きつぶし、焼き尽くした。内側と外側の周壁、神殿と神々、煉瓦や土のジックラトはことごとく薙《な》ぎ倒して、ユーフラテスに投げ入れた。町の中央に運河を何本か掘ってこの地を水に沈め、その礎の部分を打ち壊した。大洪水にもまして完膚なき破壊を行なった。のちの時代にこの町の場所、その神殿と神々が忘れ去られるよう、これらを水によって消し去り、草地に変えた。……バビロンを破壊し、その神々を粉砕し、その住民を剣によって打ちのめしたのち、この町のあった地に何もとどまらぬよう、住民を引っ立ててユーフラテスに送りだし、（そこから）海へと送りだした。バビロンの塵はディルムン（バハレーン島）にまで達した。……わが主アッシュルの心を鎮めるため、その力の前に民がひれ伏すよう、バビロンの塵を取って最果ての民に送りつけ、閉じた器に入れて新年祭を祝う神殿にも置いておくことにしよう」。この受難は人心に衝撃を与え、近東全域の人びとの記憶に深く根を下ろした。それから一〇〇年後、ネブカドネツァル二世のバビロンはやがて破壊を見るという預言者エレミヤの神託は、おそらくこの物語から想を得ている。「海がバビロンに襲いかかり／バビロンは高波のとどろきに覆われた。／町々は廃虚となり／乾ききった地、荒れ地となる。／そこは住む者のない土地となり／人の子ひとり通らぬ所となる」（『エレミヤ書』五一：四二－四三）

センナケリブはアッシュル祭儀にバビロンの儀式を採り入れた。彼はそれまでの征服者の慣行に背いてバビロンの王を名乗ることはせず、前三千年紀のアッカド諸王の古い称号「シュメールとアッカドの王」を用いた。皇太子エサルハドンがバビロンの総督となった。センナケリブは前六八一年に息子たちによって殺害された。バビロンの復讐を果たそうとしたバビロン出身の王妃ナキア／ザクトゥの差し金によるものと思われる。**エサルハドン**（前六八〇～六六九年）の数々の文書には、荒れ果てた町の修復事業が偉業として記されている。「先王の時代にユーフラテスが氾濫し、町を押し流し、廃墟に変えた。バビロンの神々は都を去って天に飛び去り、住民は逃げ惑い、奴隷の身に落ちた」。他方、公的書簡と行政文書には、この町と地域が活気を取り戻したことが示されている。エサルハドンは「偉大な神々の像を修復し、これを永遠に神殿に戻した」と誇っているが、マルドゥク像はおそらく破壊されてしまっていたため、バビロンに持ち帰ってはいない。しかし、他の貴重な品々はマルドゥクの宝物庫に返された。

エサルハドンはアッシリアとバビロニアの皇太子に、二人の息子**アッシュルバニパル**（前六六八～六二七年のアッシリア王）と**シャマシュ・シュム・ウキン**（前六六八～六四八年のバビロニア王）をそれぞれ任じた。シャマシュ・シュム・ウキンは六五二年、自分よりも強大だった兄弟に対して反乱を起こした。そして前六四八年、バビロンの王宮を包囲され、炎のなかに身を投げた。この骨肉の争いが、ギリシアの著作家によって創作、流布されたサルダナパロスの伝説を生んだ。アッシュルバニパルは父に続いてバビロンの修復を行なった。彼はシャマシュ・シュム・ウキンの死後、カンダラヌという現地名のもとに前六二七年までバビロンを治めたと考えられるが、この名がアッシリア王の命を受けた代官を指している可能性もある。彼はマルドゥク像をバビロンに戻した。あるいは祖父センナケリブが破壊した像にかわる新たな像を彫らせた可能性もある。

彼が死ぬとアッシリア帝国は瓦解し、バビロニアが近東最大の政治勢力に復活する。バビロニアはアッシリア支配を拒否してきたことで、バビロニアの種々雑多な住民をナショナリズム感情と解放への希求のもとに結びつけることができた。こうして**ナボポラッサル**（前六二六～六〇五年）が新バビロニア帝国を興すことになる。

Ⅱ　新バビロニア帝国

この帝国は前六二六年から五三九年まで一〇〇年足らず続き、バビロニア文明の全盛期を画した。『歴代記』は、前六二六年十一月二十三日に「ナボポラッサル（ナブー・アプラ・ウツル）がバビロンの王座に就いた」と述べている。彼はバビロンを征服するまでは、ペルシア湾岸に沿った湿地地帯である「海の国」の総督だった。歴史と伝説のなかでは息子のネブカドネツァル二世に隠れて影が薄くなっているが、イランのメディアと結んで前六一二年にニネヴェを陥落させ、新アッシリア帝国を滅ぼしたのはナボポラッサルである。アッシリア王が逃れていた都市ハランを前六一〇年に陥落させたことで、このバビロニア王にレヴァントと地中海沿岸、ついでエジプトへの道が開かれた。ナボポラッサルはアッシリア帝国の版図の大半を併合し、バビロニア王国を帝国に変えた。

彼はバビロンで首都の美化と防備の強化という大事業に取り組んだ。長子にはネブカドネツァルの名を付けた。はるか昔の名高いネブカドネツァル一世にちなんでのことだろう。バビロニア語でナブー・クドゥリ・ウツルは「おおナブー神よ、世継ぎを守りたまえ」を意味する。この名は皇太子の運命を大きく定めた。ネブカドネツァル二世の偉業は、手本とされた同名の古人に勝るとも劣らないものとなる。

ネブカドネツァル二世（前六〇五～五六二年）の長い治世は、政治・法律・宗教・道徳の各分野でのさまざまな成果に彩られている。彼はバビロニア帝国の拡張を続け、西南のエジプト帝国、北と東のメディア帝国という他の二つの大国に敬意を払いつつ、地中海――エジプト国境およびシリア・パレスティナの沿岸部――からイランに至る近東を支配した。後代の記憶にとどめられた最大の軍事活動は、前五九七年と五八七年のエルサレムの制圧と略奪である。彼の版図はハンムラビの帝国よりも広く、その威信はアッカドのサルゴンの帝国に匹敵する。それはまさに、彼以前の近東の征服者がみな密かに、あるいは公然と抱いていた夢の実現だった。バビロンの文化的な威光はハンムラビの時代から変わらず保たれていたが、その政治的権力はハンムラビの死後は衰退し、バビロニア域内にしか及んでいなかった。ネブカドネツァル二世は首都バビロンを世界の不思議に変えた。そしてこの事績により、古典著作を通じて、聖書に描かれた姿よりも好意的な方向で名を馳せることになる。

彼の跡を継いだ息子の**アメル・マルドゥク**（聖書名エヴィル・メロダク、前五六二～五六〇年）は、ユダの王ヨヤキンの解放を宣言するが、義兄弟のネリグリッサル（ネルガル・シャル・ウツル）に殺害される。

エルサレムの包囲と略奪に加わった将のひとりであったと思われるネリグリッサル（前五六〇〜五五六年）は、ネブカドネツァルの娘カッシシャヤと結婚していた。彼は北方のキリキアに遠征して帝国の版図を固めた。同じ頃、ペルシアのキュロスがアジア各地を奪い取って、バビロニアを弱体化させた。ネリグリッサルは、定礎碑文にも記されているように、首都の工事を完了した。

その息子ラバシ・マルドゥク（前五五六年）は在位数か月でクーデタに倒れ、王座はナボニドス（ナブー・ナイド、前五五六〜五三九年）の手に渡った。彼はメソポタミア北部のハランから出た宗教貴族の息子であり、ナボポラッサル王朝との直接的な血縁関係はない。非常に個性的な人物で、一〇年間にわたってアラビア砂漠のオアシス都市テマに居を定めた。この在外生活は、なかば意志によるもの（バビロニアと紅海地方との交易発展という商業上の理由などから、この地域を併合して帝国を拡大するため）である一方、なかば意志に反するもの（ハランの主神たる月神シンを信奉したことで、バビロンのマルドゥク祭司団から異端として敵視されていたため）であったと考えられる。彼はその間、バビロニアの代理執行権を息子のベルシャザル（ベール・シャラ・ウツル）に委ねた。長期にわたる不在にもかかわらず、数々の都市土木事業の痕跡をバビロニアに残した。彼は碑文で、過去の諸王が行なった事業の霊的な後継者を名乗っている。ナボニドスが新バビロニア帝国最後の王となった。

ベルシャザルは聖書の物語によってよく知られている。『バルク書』と『ダニエル書』では「ネブカドネツァルの息子」とされているが、実際にはナボニドスの息子である。彼は父の不在中の公務を担ったにもかかわらず、王となることはなかった。定礎碑文に記されているように、彼はバビロンで王に仕える建設者・修復者の役割を果たした。「ベルシャツァル〔ベルシャザル〕の宴会」の物語――バビロン帝国の余命は「数える」ことができ、その王は「計量」によって道徳的に軽すぎるとされ、その版図は「分割」されるという予告――では、キュロスがバビロンの門に迫っているのに王宮では宴会を開いていたというヘロドトスやクセノポンの伝承が踏まえられている（『ダニエル書』五）。

新バビロニアの宮廷の知者は、古来の知恵のバビロンにおける最後の継承者だった。この知恵はハンムラビ時代に制度化されたものだが、前三千年紀のシュメールの神学と哲学の流れを受け継いでいる。セレウコス時代（前二世紀）にウルクの天文学者が作製した図書館写本によって知られる王朝時代の予言集には、ナボポラッサルとネブカドネツァル二世の事績が要約されている。ただし、バビロンの名はウルクに代えられている。「……ひとりの王が来るだろう。……彼は四方世界を治め、彼の名を聞いて全世界は震え上がるだろう（アッシリアのセンナケリブあるいはアッシュルバニパルのこと）。だが、彼に続き、ひとりの王がウルクに現われるだろう（ナボポラッサルのこと）。彼は国を正義で満たし、国のために決定を下すだろう。ウルクのアヌ（バビロンのマルドゥク）の祭儀を護持するだろう。……ウルク（バビロン）を復興するだろう。ウルクの門をラピスラズリで再建するだろう。……川と畑を豊かに満たすだろう。彼に続き、息子がウルクの王となり、四方世界の主人となるだろう（ネブカドネツァル二世のことであり、この称号は伝統的に「宇宙の王」を意味する）。彼はその王朝が永遠に確立されるまで、ウルクで君主権と王権を行使するだろう。ウルク（バビロン）の諸王は神々のごとく王権を行使するだろう！」（フンガー、一九七五年／ワイズマン、一九八五年）

第三章　ネブカドネツァル二世時代のバビロン（前六〇五～五六二年）

王の肖像（図5）――ネブカドネツァル二世の治世は四三年間にわたる。はるか昔の名高い先王ハンムラビの治世期間と同じである。その姿を現在に伝える唯一の図像表現は、彼が治世の初期に軍を率いていた西方地域から出土した。彼が――治世第十八年に――敵を表わすライオンと戦い、杉を薙《な》ぎ倒す勇姿を描いた二つの浮き彫りがベカア渓谷（ワディ・ブリサ）に残されている。地を埋める文には、バビロンの巨大建築物に用いるレバノン杉を運ぶために道路が建設されたことが語られている。王は襞と刺繡のある衣と円錐形の冠というバビロニアの王衣を身に付けている。

ネブカドネツァル二世の人となり、望み、事績を伝える史料は、その模範や手本となった過去の三人の名君、アッカドのサルゴン、バビロンのハンムラビ、そしてネブカドネツァル一世の名を挙げる。カリスマ性を備えていたネブカドネツァル二世の治世は栄光に満ちていた。彼は三人と同様に偉大な征服者、教養のある正しい国家指導者であり、神々に仕える王者であった。これらすべての意味で、彼は偉大な建設者だった。帝国から得られる潤沢な財政のもと、彼は大規模な建設計画に必要な繁栄をバビロニアにもたらし、国の活力を引きだした。工事に必要不可欠な労働力は、住民の強制移住政策によって安価に手に入った。エルサレムから持ち帰った戦利品が、ユダ王国の学識エリートや専門職人とともに、彼の壮大な都市土木事業の野心に役立った。ネブカドネツァル二世は想定されるあらゆる攻撃からバビロンとバビロニアを守ろうとして、町の防備体制を強化し、大がかりな建築物を造らせた。彼は首都をその王と神々の栄光にふさわしいものとすることを望んだ。彼の主要な碑文には建設者としての事業が記されている。聖書で何度も語られる大規模で華麗なバビロンを建設したのはネブカドネツァル二世だった。ヘロドトスが記した町の威容についても同様である。

ネブカドネツァルは外政面では西方の平定者を、内政面ではハンムラビのひそみにならう正義の王を自任した。ある粘土板文書には、王の司法政策およびバビロニア文化の最後の閃光を放った道徳的・霊的な理想が要約されている。「彼はまことの真っ直ぐな正義にかけては等閑にすることがなかった。昼も夜も休まず、にもかかわらず良識と節度をもって、偉大なる主マルドゥクの御心に適い、あらゆる民の平安とアッカドの国（バビロニア）の平和を増すよう、書面によって判決と決定を下した。都にとっ

図5　杉を薙《な》ぎ倒すネブカドネツァル二世，ワディ・ブリサの浮き彫り
（ヴァイスバッハ, 1906年, 図5 による）

てよりよい規則を打ち立て、新たな裁判所を築いた。……民のあいだから汚職と賄賂をなくし、国に平安をもたらし、国に平和を打ち立て、何びとも民を脅かすことのないようにした。その王権を愛する……（神々の）心を喜ばせた」（BM四五六九〇）。ここでは「ハンムラビ法典」と同様にいくつもの判決が例示されているが、細部が書き込まれているおかげで、当時のバビロニアの社会生活の一端を復元することができる。

ネブカドネツァル二世はバビロンの高級官僚、異邦の大使、打ち負かして連行した君主など、帝国内の有力者を王宮に集めることで王国の統一を保った。複数の定礎碑文や『ネブカドネツァルの国暦表』（イスタンブール七八三四）として知られる角柱に、地中海沿岸諸都市（ティルス、ガザ、シドン、アルワド、アシュドド）の王が公式行事に加わっていたことが記されている。王宮で見つかった行政文書にも、恩給を受ける異邦人——属国人、外交使節、補助部隊、商人——の存在が示されている。ユダの王族、アシュケロンの王侯、エジプト人（贅沢品をもたらし、ユーフラテスの河岸に停泊した船乗りなど）、エラム人、キプロス人、リュディア人、メディア人、ペルシア人などである。

宗教政策を推進したネブカドネツァル二世は、バビロニアの主要都市の神殿の維持管理に尽力した。彼はあらゆる碑文で「エサギラとエジダの扶養者」を名乗っている。これらの名はバビロンにあったマルドゥクの大神殿、ボルシッパにあったその息子ナブーの大神殿を指す。この表現は王室財産の印として、あらゆる建造物の四方八方の煉瓦に至るまで、必ず決まって記されている。王の第一の役割は神殿を円滑に運営することにあり、バビロンの平安と名声はマルドゥクの恩情にかかっているからである。神々の介入に対する信仰と宗教行為の実践は、王の生活の根本を占めている。彼は自己の治世を振り返るにあたり、マルドゥクとナブーに仕える使命を明言した。「余はネブカドネツァル、バビロンの王、強き王者、マルドゥクに愛《め》でられし者、高貴なる君主、ナブーに愛されし者、知恵を求める者……エサギラとエジダの円滑な営みを日々司る者……バビロンの王ナボポラッサルの長子である。わが創造の神なる主が余を創りたまい、マルドゥクがわが母の胎内に余を宿させ、余が生みだされしときより……余は神の道に従った。……偉大なる主マルドゥクがわが王威を讃え、あらゆる民の上に立つ君主権を委ね、全天地を守護するナブーが民を統《す》べるための正しき笏をわが手に握らせしとき、余は二柱の神々のご加護を願い、その神性に心を向けた。わが主マルドゥクの御前で祈り、マルドゥクに向けて乞い願った。神は余の心労に配慮くださった。余は（かように）申し上げた。『わが主よ、あなたなくして何がありましょうか。あなたが愛《め》でられ、その名を口にされた王に……あなたは正義の名を賜わり、真っ直ぐな道に導かれました！　私はあなたに従う王者、あなたの手によって創られしものです。あなたは私を生みだし、あらゆる民の上に立つ君主権を委ねられました。おお主よ、すべてをお見通しのあなたの慈悲のもとに、彼らがあなたの君主権を愛するように導かれたまえ。……あなたのご期待に応える者をながらえさせたまえ。あなたが私をまさに生かしめられているのですから！』　神々におかれて敬われるわが主マルドゥクはわが祈りを聞き入れ、わが願いを受け止められた。……その力強き助けにより、余は遠き国々、地の果ての山々、上の海と下の海（地中海とペルシア湾）、険しい道、行く手を塞がれ、何びとも足を踏み入れたことのない越え難き地、荒れ野の道（立ちはだかるレバノン山脈とアマヌス山地）を越えた。反徒を平らげ、敵をひれ伏させ、正義をもって国を統《す》べた。民に栄えをもたらし、その悪しき心と行ないを拭い去った。あの方（マルドゥク）の御前に、銀と金、貴石、青銅、銘木、あらゆるすぐれたるもの、山の幸、海の宝をあふれるほど、わが町バビロンの富者と並んで供物として捧げた」（Nab.15 i, 23 - ii, 32; 14 i, 1-13）

I　バビロンの都市計画と生活

前十二世紀末のカッシート時代末期からネブカドネツァル一世の時代には、内側の周壁が組み上げられ、主要な街区と交通路を備えた都市ネットワークができあがっていた。それから六世紀後のバビロンに権勢と美と文化の絶頂期をもたらしたネブカドネツァル二世時代の町の概観は、考古学資料や地誌書、新バビロニア諸王の定礎碑文の比較研究から復元することができる。バビロンが宗教的には世界の起源、歴史的には英雄時代に結びつけられている以上、拡張や美化を重ねてなお、建築の基本構想と町の基本配置が変わらずとも驚くにはあたらない。大帝国の復興後、新バビロニアの諸王は、都の民事や祭事に関わる巨大建築群を全面的に再建し、国際的な政治力と文化的な優位にふさわしい外観を町に与えることに取り組んだ。バビロンの王が対外的な野心を抱いた理由のひとつは、服属した住民から貢租を徴収し、帝国の心臓部で行なう大工事に必要な資源を得ることにあった。その物理的な実現は神学上の思想に一致しており、バビロンは壮麗な首都となる。友邦からも敵国からも理念的に捉えられたバビロンの威信は比類なく、その王は世界の主人として振る舞った。町は巨大であり、周辺地区を合わせた総面積はネブカドネツァル二世時代には一〇〇〇ヘクタールに迫った。四五〇から五〇〇ヘクタールの市内域に一〇万人近くが住んでいた。

新バビロニアの王は過去を敬い、自己の系譜を古代の王に結びつけようとした。埋もれた神殿の瓦礫を掘り返し、同じ様式で再建するために当初の配置を調べ、かつての王が残した定礎時の遺物を埋め戻した。

街区（図2）――塁壁によって画定される市内域は、前二千年紀末からネブカドネツァル二世時代に至るまで、一〇の街区に区分されていた。これらの街区は、区域の名が明記された土地や住居の売買契約によって知られる。町の区分に関する主要な情報源は『ティンティル』（五：九二―一〇四）である。この文献には街区および二つの目印――門、神殿または水流――のリストと名称が各々の境界とともに示されている。街区はユーフラテスの両岸に分かれており、人口が多く、公用の豪壮な複合建築施設の並ぶ東岸に六つ、西岸に四つという配置である。

リスト中の最初の三つは東岸のもので、それぞれ町自体と同じエリドゥ、シュアンナ（ティンティルと呼ばれる場合もある）、カ・ディンギラの名が付いている。古代の神聖名エリドゥは前二千年紀初頭より町の心臓部を表わすのに用いられてきたと思われる。周壁に設けられた「市場の門」から「大門」までのあいだが城内のユーフラテス東岸地区である。町はさらに西方に向け、後代の文献でクマルと呼ばれる地区にまで拡大したと考えられる。バビロンの拡張はハンムラビの政策の結果である。当時の居住地域はカ・ディンギラ、シュアンナの一部、いくつかの周辺区域にとどまるが、最も神聖な場所がマルドゥク神殿を擁する東岸随一の中核地区エリドゥである点はその後も変わらない。新バビロニア時代の重要地区はエリドゥ、カ・ディンギラ、シュアンナである。カ・ディンギラには王宮があった。

他の街区に用いられた名には前三千年紀のシュメールとアッカドの古王国の都市名に由来するものがある。クマル（クアラ）、クラブ、トゥバである。これに対し、新市域の名は民間に起源がある。西北部の街区の名、バーブ・ルガルイラ（「ルガルイラの門」の意）は町の古い周壁に設けられていた門に由来するものだろう。最後の二つの名のうち一方は破損しており、シュメール語でテエとある他方は由来不明である。この地区への拡張はハンムラビよりもあとの前二千年紀末以降、新バビロニア時代にかけて行なわれた。この区域は現在ユーフラテスの河床に覆われているため、考古学調査はほとんどなされていない。

内側の塁壁の外は住居も少なく、町を養う耕地が広がっていたものと考えられる。町の街区に触れた『ティンティル』の最終行は「豊饒をもたらす周囲の畑地」に言及している。

発掘で出土した家並みには似たような方向性が見られる。バビロンには、ネブカドネツァル二世の行なったあらゆる国土整備と同様、一定の都市構造が備わっていた。大通りは町の八つの門へと至る。そのうち最も重要なのがマルドゥク行列道路とナブー行列道路であり、この都を南北に貫いていた。狭い小路は南北と東西の方向にほぼ直角に引かれており、町全体が規則的な構造をなしていたと考えられる。

住居（図6、a・b）――ドイツの考古学調査隊が掘りだした人口密集地区は古バビロニア時代にまで遡るものであるが、そこにおもに含まれていたのはマルドゥク行列道路の東方メルケズにあった新バビロニア時代の民家の層だった。旧市域の中核部である。発掘された区域は主としてカ・ディンギラの東南部、ジックラトの正面に位置するエリドゥの一部、およびシュアンナの北端部分にわたる。

家並みは日乾煉瓦で建てられ、粘土の漆喰で固められた。裕福な家では、多くの場合に中庭となっていた中央部の空間を囲むように部屋が並ぶ。壁の上部には夏期に外気を運ぶ開口部が設けられ、穴の開いたテラコッタ製タイルが採光と換気の役割を果たした。矩形の大きな主室は大きな家の場合には応接室となっており、中庭に面していた。後方と周囲には私室、衛生設備、付帯施設からなる居室部分が並び、対面には静かな通りに面して玄関が置かれた。部屋を次々に、あるいはジグザグに通り抜けていけば中庭に至る。この基本的な間取りが家によってはいくつも組みあわされ、さらに管理施設や商業施設が加わることもある。複数の家が集まって島を作り、多くの場合は相互に行き来できるようになっている。屋根は塗り土で平らに葺かれていた。

こうした民家の配置パターンは王宮と神殿にも用いられている。人の住まいと神の住まいは似通って

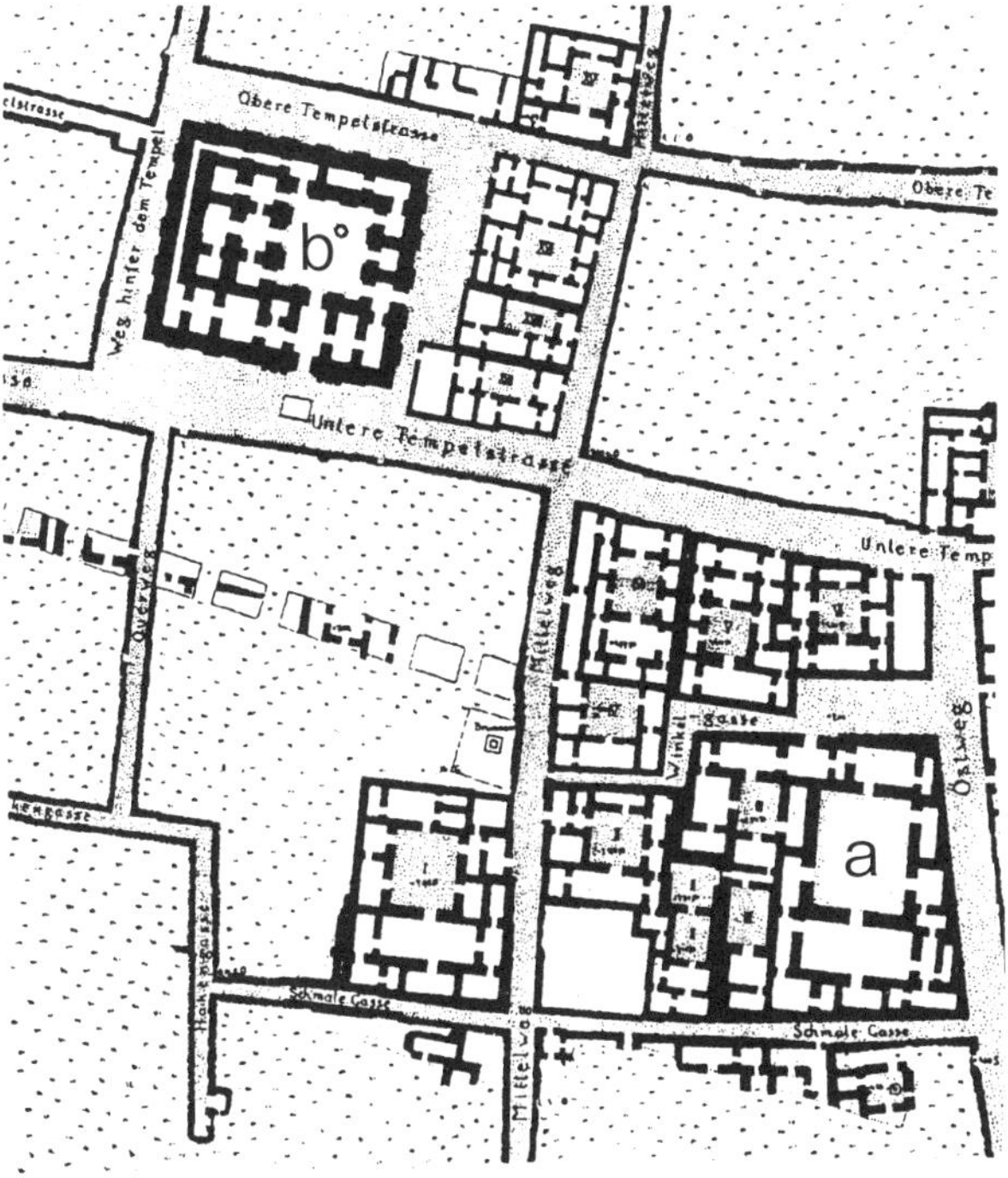

図6　メルケズの平面図（ロイター，*WVDOG* 47号，1926年，図17による）
a 大きな家
b アッカドのイシュタル神殿

いた。神殿と人家を指す語は同じであり、神々は人の姿をしていると考えられ、王侯のように暮らしていた。ファサードには凸角部や突出部によって変化が付けられていた。

死者はテラコッタ製の柩に納められ、自宅の地中に埋葬された。子供の場合には甕に納められることが多い。一方を蓋とする二つの容器が棺となった。

ヘロドトスはバビロンの家並みについて次のように述べた（I：一八〇）。「町は三階建て、四階建てがぎっしり並んでおり、それが真直ぐな道路で仕切られている。道路はいずれも真直ぐであるが、横に走って河に至る道も同様である」[1]。ほとんどの家は一階建てにすぎなかったと思われるものの、人口の密集ぶりは伝わってくる。ネブカドネツァル二世時代には城壁が強化されたが、内側の壁の場所は五〇〇年以上前から変わっておらず、塁壁の内部に居住空間を創出する方策を考える必要があった。

（1）ヘロドトスからの引用は『歴史』（松平千秋訳、岩波文庫版、一九七一年）に準拠した〔訳註〕。

調度と装身具――住宅から見つかった遺物の多くは什器である。油や穀物、飲み物（水、ビール、ワイン）を保存する甕、調度品でもあった石の容器、幾何学模様や花模様を施されたエナメル装飾ガラスの香水瓶などだ。

メルケズの発掘ではほかにも、半貴石やガラス状物質で作られ、粘土板の上に転がしたり押しつけた

図7　マルドゥクとナブーのシンボルの記された封泥
（ルーヴル美術館蔵，AO4366）

りして署名とした円筒印章や封泥などが見つかっている。古バビロニア時代の印章におもに用いられたのは、武具を帯びて神前にたたずむ王の図像であり、シュメール時代以来の王の髪型――縁のある丸い頭巾型の帽子（図4）――でそれとわかる。新バビロニア時代の印章に主として描かれているのは、シンボルによって表わされた祭壇上の神々を崇める王あるいは祭司と思われる人物である（図7）。マルドゥクは、農業神という古い役割に結びついた三角形の鋤（マル）のシンボルによってそれと知れる。書記と学芸の神であるナブーは葦の筆によって判別できる。筆が楔形文字によって表わされることもある。

これらのシンボルは、原初の時代にマルドゥクが打ち倒した怪物のひとつであるムシュフッシュ龍の上に載っている。王もマルドゥクと同様に敵を制した英雄として描かれ、敵は野生動物や想像上の動物の形で表わされる。

墓からは、金や銀の珠、玉髄、瑪瑙、オニックス、紅玉髄、ラピスラズリ、水晶、トルコ石のような半貴石の珠をつないだネックレスなど、多数の宝飾品が出土した。メソポタミアには原料鉱物がないため、これらの宝石は地元で産出したものではなく輸入品である。マルドゥク神殿たるエサギラの宝物庫には美しい宝石が納められていた。王侯が身に付けた宝飾品もやはり高価な宝石で作られている。新バビロニア時代には安上がりな模造の宝飾品も多かった。国際的な交易路はおもに帝国の属領——西は地中海沿岸部、東はルリスターン——やエジプト、アナトリアに限られていたからである。貴石や珍しい産品のルートとなっていたペルシア湾の海路と陸路は前二千年紀に遮断されており、ペルシアの大王たちによって新たな交易路が開拓された。神殿と王宮の倉には宝石が残っていたが、他では略奪されていた。模造の代替品には宝石と同じ名前が付いていたものの、価格はかなり割安だった。バビロンの化学者は、王と神の宝石とされたラピスラズリの模造に力を注ぎ、その製法を記した科学者文献を残している。

家族の情景を表したテラコッタ製の小像もある。よく見られる主題のひとつは、子供を抱いた女性という親密な情景だが、同様の場所で発見された他の呪術用品のように、厄払いの願をかけるものだった可能性もある。

民間宗教と病気や悪霊からの守護――テラコッタや石でできた鬼神パズズの形の護符がある。パズズは風の霊の王、翼の生えた鬼神であり、彼よりも性悪な鬼神を冥府や大気中に退散させる守護霊として召喚されることが多い。よく願われるのは、妊娠中の女性を襲って流産させてしまう女鬼神ラマシュトゥの力を奪うことである。当時は乳児の急死や幼児の死亡が多く、それはラマシュトゥの仕業と考えられていた。病人の首には苦しみの原因となる邪悪な霊を祓うのを助けるお守りが掛けられた。お守りの裏には、取り憑かれていると考えられた病人の体から怪物を追いだすための呪文が彫られている。頭痛や炎症を治すための呪文は次の通りである。「アヌの娘ラマシュトゥよ……頭を襲い、炎を燃やす短刀よ。毛むくじゃらの女神よ。……神々の名のもとに、神々によって祓われよ。鳥のごとく天空へ去れ！」（VA三四七七、ベルリン博物館蔵）。それぞれの句が、執り行なうべき特定の儀式に対応する。呪術はバビロニア人の日常生活のなかで非常に重要な役割を果たしており、一連の守るべき禁忌があった。呪力のある宝石でできたネックレスも着用された。ネックレスの連の色や配列の基準を守っている限り、本物か偽物かといった宝石の品質はあまり重視されなかったようだ。祭儀文書には、護符や数珠の使用法が記されている。これらの魔除けを着けた病人の体に向け、祈禱が唱えられた。

呪術と宗教は混ざりあっていた。風の霊としてのパズズは、当初は大地だけでなく大気の主人でもあったエンリル神の系譜に属す。ラマシュトゥは天空の神アヌの娘、あるいは呪術の神エアの娘として召喚される。呪法は祭司によって執り行なわれた。前一千年紀の医術は祓魔の呪術と不可分であった。王侯だけでなく庶民も日常的に病気や妖術に対して行なった祭儀のほかに、王専用の大がかりな祭儀もあった。エアとマルドゥクの祭司団は、国の運命を背負う王のために、長い祭礼と複雑な祭儀を執り行なった。医術には植物を材料とした治療薬と鉱物や動物の成分が用いられた。

文書群と経済活動——シュアンナ地区その他で建築用地の売買契約が多数発見され、新バビロニア時代のものであることが確認されている。こうした土地の細分化はおもに相続に由来するが、バビロンの人口増加に伴って中心部となった地区で大きな地所が高価であったことも意味している。有産階級の家では家産の管理に関わる一族の書簡と文書を保管していた。粘土板は甕のなかに収納されていた。非常に大切な文書群だけが特別な部屋に保管された。バビロンや、ほかにもニップルやウルクのようなバビロニアの都市には、大規模な私文書群がある。ユダの捕囚民には事業を興した者も多かったため、前五三九年にキュロスによって解放された際、エルサレムに戻ろうとしない者も多数にのぼった。新バビロニア時代の証書ではシュアンナ地区に住んでいたエギビ家のもの、ペルシア時代の証書ではムラシュ家のものが多く残されている。

エギビ家は王室とつながりがあった。初代ベール・エーテル・エギビは前六九〇年頃から活躍した。彼は前六八九年に破壊されたバビロンの復興に関わったらしく、これを機に財をなした。家業が最も栄えたのは新バビロニア帝国の初期、孫のシュライヤの時代である。同家はおそらく前五八一年から銀行の役割を果たすようになり、貸付などの取引によって栄えた。事業には一族全員が携わっており、同世代のエギビ一族数人の名が文書群に記されている。彼らはいとこ同士で結婚した。

地元産品と日用品を扱う日常的な市場では物々交換が広く行なわれていたが、遠方から水路や陸路を通じて運ばれてくるものも多々あった。重要な取引——商事契約や法律行為——には、銀の延べ棒が交換手段として用いられた。ネブカドネツァル二世時代にはまだ貨幣はなかったが、王室が銀の価値を統制し、支払手段としての法定純度は純銀八分の七、混じり物の上限は八分の一とされていた。銀製品はさらに純度の高い銀で作られた。細工師によって極印が施された延べ棒は正規に流通し、法律によって保護された。実際には、大神殿と王室が貴金属の多くを保有し、公認の細工師を召し抱えていた。

Ⅱ　公用の巨大建築物——世界の不思議バビロン（図2・8）

ネブカドネツァル二世はバビロンで三つの巨大建築群を造営あるいは修復した。

①町を取り囲み、手強い要塞となった二つの周壁。市外域の西側と南側の境界は、周壁に囲まれていなかったために画定は困難である。

②ユーフラテス東岸のテル・カスルで発見された王宮群（「南の王宮」と「北の王宮」）と二重の砦。

③ユーフラテス東岸のテル・アムラン・イブン・アリで発見され、町の中心部に位置していたマルドゥク神殿。これにはエサギラ神殿および付帯施設と、さらに北方にあり、境内の中央にそそり立っていたエテメンアンキという名の多層塔《ジックラト》が含まれる。マルドゥクの神域には大神たちを祀った聖所もあった。

その他の多くの神殿は町のさまざまな街区に散らばっていた。いくつかの大通りもマルドゥク祭儀の一環をなす。その筆頭は、イシュタル門をくぐり、王宮とジックラトの周壁に沿ってエサギラに向かう大通りである。

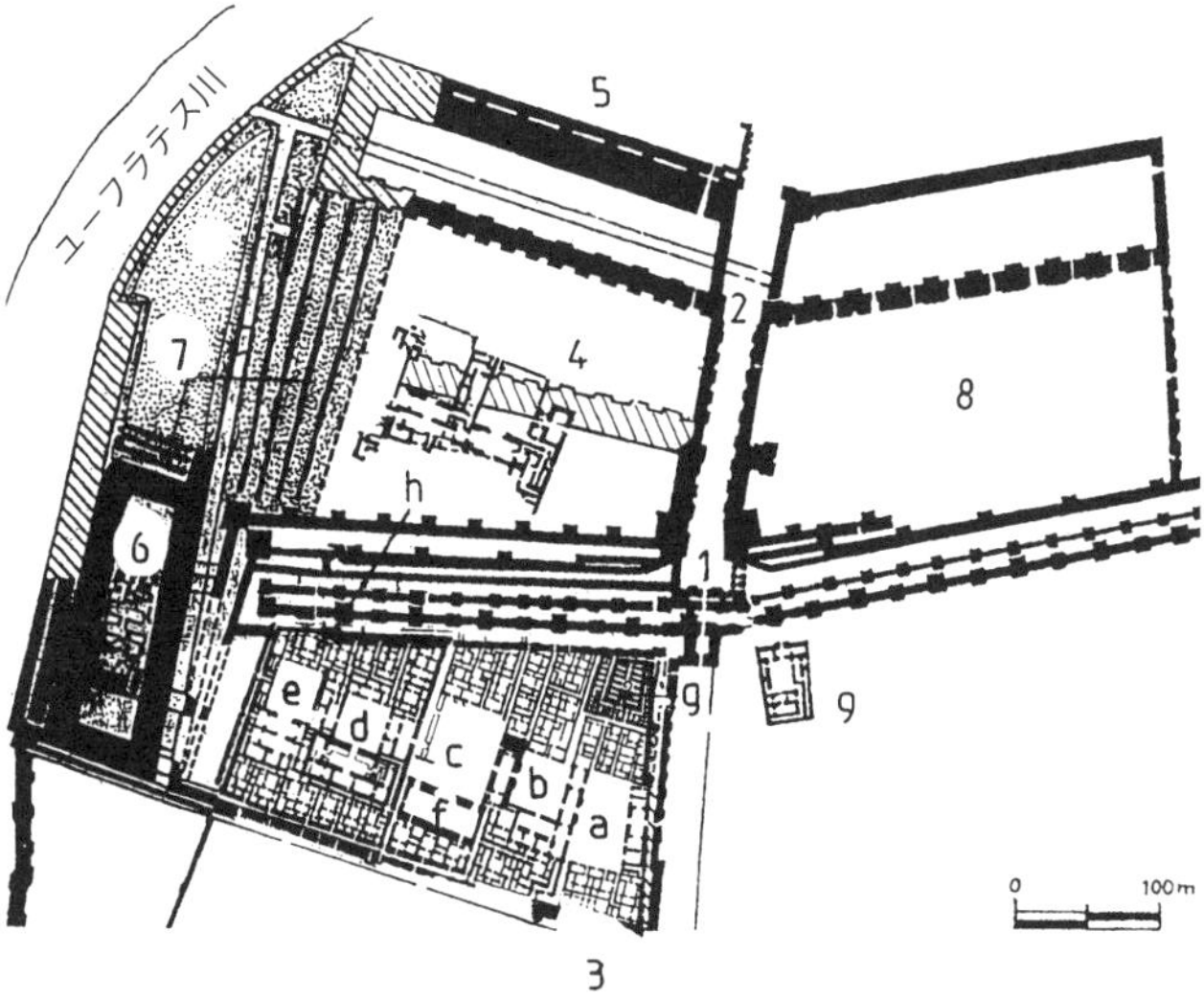

図8　ネブカドネツァル二世時代のバビロンの王宮と城塞
（ワイズマン, 1985年, 図Ibによる復元）

1 イシュタル門
2 マルドゥク行列道路（バビロン通り）
3「南の王宮」　a 東の中庭　b 中央の中庭
c 主要な中庭　d 西の中庭　e 付属の中庭
f 玉座の間　g アーチ天井の建物　h 王墓(?)
4「北の王宮」
5「北の稜堡」
6「西の稜堡」
7「空中」庭園(?)
8「貯水場」(?)
9 母神（ニンマハ）神殿

1 塁壁と防備体制

ネブカドネツァル二世時代のバビロンは見事な城壁施設によって守られていた。それは外側の周壁――町の北方数キロ地点でユーフラテス川の二本の分流を結ぶ前方壁によって二重化されていた――、同じ方角の六〇キロメートル付近に設けられた別の壁、および内側の周壁からなっていた。

市外の城塞（図1）――シッパルおよびバビロンから出土した定礎円筒碑文とレバノンの巨大な磨崖碑には、ネブカドネツァル二世がバビロンの川上に二つの防備施設を築造したことが示唆されている。

第一のものは、バビロンをキシュと、またカル・ネルガルと呼ばれる都市（所在地不明）と結んでいた。この補強の城塞は、バビロン北方の隣接地帯を囲むために築かれたもので、ユーフラテス川の二本の分流を結ぶことにより沼地ないし人造湖をつくりだす。「邪悪な敵がバビロンの領土に到来せぬよう、余はバビロンのはずれより……四ベール三分の二（約五〇キロメートル）にわたり、キシュにまで至る広大な平場を築き、力強い水で町を囲んだ」

王は続いて、第二の前方防護壁について語る。これはバビロン全市を守るために、北方六〇キロメートル付近にシッパルに向けて築かれた。「いま一度、バビロンの守りを固めるよう、余はティグリスの岸辺よりユーフラテスの岸辺まで、バビロンより五ベール（六〇キロメートル弱）の彼方、ウペ（オピス）

の彼方に、シッパルにまで至る広大な平場を築き、大海原のごとく力強い水で二〇ベールにわたり国を囲んだ。この斜面が逆巻く水に打たれて運び去られぬよう、余は土手を瀝青〔天然アスファルト〕と焼成煉瓦でもって堅固な堤防のごとくに整えた。余はかようにエサギラとバビロンの守りを固めた」（IM五一七二三‐四、ワディ・ブリサ六）。シッパルとバビロンのあいだの平原は増水のたびに沼地と化した。壁の築造者は、洪水地帯を大バビロン周囲の防備体制に組み込むことにより、自然の不利を利点に変えたのである。この壁は古典古代には「メディアの壁」として知られていた。クセノポンは前四〇一年の一万人部隊〔謀反を起こしたペルシアの王子が率いたギリシア兵部隊〕の退却時に近隣を通過している（『アナバシス』Ⅱ、一四：一二）。後四世紀にもアンミアヌス・マルケリヌスがこの壁について記している。

「強い壁」たる外側の周壁（図2）――町と周辺地区の北側と東側の画定および防備のために考案した城塞について、ネブカドネツァル二世は繰り返し語っている。「……悪しき心や行ないがバビロンを押しつぶさぬよう、戦線がイムグル・エンリルからバビロンの壁にまで近づかぬよう、余は先代のいかなる王もなさなかったこと、すなわちバビロンの東方周辺に強い壁を築くことを行なった。濠を掘り、その積み壁を瀝青と焼成煉瓦をもって固め、これを山のごとく高くした」（Nab.4 et 9 ii）。この記述は、周壁の外周を突き止めて、八三〇メートルにわたって発掘したドイツ調査隊の発掘結果とも一致する。焼成煉瓦の三重壁によって固められ、多数の塔の設けられた城壁部は、南北に五キロメートル、東西もほぼ五キロメートルにわたって延び、ユーフラテス川にぶつかる。敵の攻撃は北方か東方からやってくると想定されたため、ユーフラテス西岸地区を取り囲むという発想は起こらなかったのだろう。この周壁が築かれたのは、ネブカドネツァルが旧市域外の北方に居所をあつらえることを決めた時期だったと考えられる。調査隊が「夏の王宮」と呼んだ王宮の周囲を守っていた「強い壁」は、三枚の壁と一本の濠からなる。最も内側の壁は厚さ七・一二メートル、日乾煉瓦でできている。そこから一二メートル、周回道路の外側にある中間の壁は、これよりやや厚く（七・八〇メートル）、瀝青で目地塗りした焼成煉瓦でできているため強度が高い。さらに、第二の壁に接するように約三・二五メートル幅の第三の壁が築かれた。これは外堀内岸の急斜面をなし、水を張った幅五〇メートル余りの濠の上部にそそり立つ貯水壁となる。したがって、この城塞施設の幅は合計三〇メートル近くに及び、それに濠が加わることになる。少なくとも内側の壁の上には、角塔が規則的に、ほぼ五二メートル間隔で設けられていた。

一二〇基の塔と五つの門が列挙された新バビロニア時代の度量衡文書（BM五五四四）に記されているのは、この「強い壁」のことだと思われる。目印の記述があるため、おおよその位置も判明している。この文書は、壁の警備と防護にあたる兵士への指図書だった可能性もあるが、おそらくはネブカドネツァルの技師と職工のための覚書であった。壁はユーフラテス川を起点とし、南方ペルシア湾へと向かう道を指すと思われる「(海の)岸辺の門」を終点とする。したがって、筆頭に挙げられた「シュヒ運河の門」は逆方向の北側にあったことになる。中間の三つの門――「マダヌ運河の門」、「ギシュフ門」、「神々の陽の門」――の位置は、それぞれのあいだに置かれた塔の数から推定される。

内側の周壁(図2)――だが、バビロンの名声を高めた城壁といえば、ストラボンが世界の七不思議に数えた町の城壁をおいてほかにはない。

前十九世紀初頭のバビロン第一王朝の創始者スム・アブムの治世第一年の年名に城壁への言及がある。この塁壁は当初は円形に築かれ、その後に何度も解体、再建されたものだろう。前十二世紀末の『ティンティル』(五:五七-五八)には、町の周壁たる二重壁に関する記述があるが、その矩形の配置はさらに過去の時代に遡ると思われる。発掘調査と文献資料からすると、この周壁が新バビロニア時代の市内域の拡張部分を画定していた。町は南北およそ二キロメートル、東西およそ三キロメートルに及んでいた。城塞は泥煉瓦の二重壁を中核として、塔と補強柱によって強化されていた。二重壁は神格化され、市壁には「エンリル神が好意を示した」を意味する「イムグル・エンリル」、外側の壁には「エンリルの塁壁」を意味する「ニミト・エンリル」の名が付けられていた。

バビロンの城壁はセンナケリブの怒りに倒れた。エサルハドンは「元通りの規模で」イムグル・エンリルとニミト・エンリルを再建しようとしたが、配置の形状を誤った。父王の軍が引き起こした損傷が、壁の形すらわからなくなるほど大規模であったことが知れる。エサルハドンは城壁の配置を矩形ではなく正方形だと考え、後代の古典著作も同じ見解を採った。アッシュルバニパルは外側の壁の再建を続行したが、強度の高い内側の壁を再建するには至らなかった。

イムグル・エンリルの再建を開始し、この壁を大きく強化したのはナボポラッサルである。彼は水を張った大きな濠の積み壁を用いることを考案した。再建を完了した息子のネブカドネツァル二世は、この機に防備施設群を増設し、城門も広げて飾りたてた。町を囲む厚さ六・五〇メートルの壁イムグル・エンリルは、彼の時代に塔と補強柱によって強化された。同様に補強柱が取りつけられた外側の壁ニミト・エンリルは厚さ三・七〇メートル、両者のあいだには七・二〇メートル幅の何もない空間があり、路面となっていた。この施設群の幅は約一七・五〇メートルに及ぶ。二〇から三〇メートル前方には、低いながらも堅固な焼成煉瓦の三重壁が設けられ、さらに幅五〇メートル余りの堀がめぐらされ、ユーフラテス両岸にまたがって町を取り囲んでいた。ネブカドネツァル二世が築いた最も外側の濠の積み壁には塔が付いていた。防備施設の幅は全体で一〇〇メートル近くに及ぶ。

ネブカドネツァル二世はこの城塞の築造について、定礎碑文やレバノンの磨崖碑（ワディ・ブリサBv四－二二）で繰り返し語っている。「偉大なる主マルドゥクの祭儀の中心地たるバビロンのために、また余を生みし父、バビロンの王ナボポラッサルが礎を築き、瀝青と焼成煉瓦の濠の二重の積み壁をもって囲みつつも完成に至らなかった大いなる壁イムグル・エンリルとニミト・エンリルのために、その長子にして最愛の息子たる余は壁の頂を高くして、これを完成させた。猛々しい銅の牡牛と恐ろしい龍を作り、これを門の敷居に据えた。塔と櫓を備えた第三の濠の積み壁を、最初の基壇よりも深く築き、その土台を下界の心臓部に据えた。この壁を父が築いた壁に加え、その頂を山のごとく高くした」

ネブカドネツァルはこの見事な城壁に加え、バビロンの守りが最も弱い北方に二つの稜堡を築いた。ひとつは南の王宮の西側に沿ってユーフラテス川に、もうひとつは町の周壁の外、北方のイシュタル門と川のあいだに置かれ、やはり周壁の外側にあった北の王宮を守る「巨大な城塞」となった。彼はイシュタル門の東北でも築造を行なった。

新バビロニア時代の度量衡文書にはバビロンの内側の城壁の配置が記されている。イムグル・エンリルの壁に関する記述（BM三五三八五）によれば、その全長は約七二〇〇メートルに及ぶ。城壁の長さに関しては、エサルハドンとナボニドスも異なる方法で同様の値を示しており、バビロニアの史料は全面的に一致する。これはドイツ調査隊が発掘に先立って一八九九年に作製した遺跡の地図にある長さよりも八〇〇メートル近く少ない。さまざまな区域を測量した結果、町の西部が東部よりも狭かったことが確認された。

ネブカドネツァル二世から二〇年後に、ナボニドスはこの名高い先人によって要塞化された城壁を修復する必要に迫られた。彼はバビロンの塁壁について文学的かつ詩的に記している。「そのとき、バビロンの壁たるイムグル・エンリル……その礎が軋み、壁が歪み、頂が揺らぎ、峰が消えた。……イムグル・エンリル、永遠の境界、揺るぎなさの線、動かぬ境、大いなる建造物、力強い楯、敵に抗う堰、原初の骨組み、民の希望。余はその礎を固め、切り立つ岩のごとく屹立させた。山のごとく高く築き、礎を崖のごとく強く固め、これを賛嘆の的とした」(PBS一五、八〇)

城壁の「神格化」

――預言者エレミヤはバビロンの城壁を手強く壮麗な城塞として語っている。「たとえ、バビロンが天に上っても／高いやぐらの守りを固めても……バビロンの厚い城壁は無惨に崩され／高い城門は火で焼かれる」(『エレミヤ書』五一)

古典著作はバビロンの城壁を感嘆と誇張をもって描き、その大きさを実物以上のものとして伝えている。

――ヘロドトス(I:一七八―一八一)は第一に濠と要塞壁の建築様式について語る。町には二つの城壁があったと述べ、バビロンの外側の城壁がペルシア人によって全壊したことも詳らかにする(III:一五九)。「……満々と水をたたえた深く広い濠が町の周囲にめぐらされ、つづいて厚さ五十王ペキュス、高さ二百ペキュスの城壁が町を囲んでいる。〔……〕城壁の上の両方の縁に沿って、一階建ての建物を〔……〕向き合うように建てたが、その建物の間には四頭立の戦車を乗り廻すだけの余地が空けてあった。城壁の全長にわたって百の門があり、総青銅造りで……この城壁はいわば鎧のようなものであるが、その内側にもう一つの壁がめぐらされている。外側の壁にくらべて堅固さではさして劣らないが、幅はこの方が狭い」。彼はバビロンの壁を外周およそ八〇キロメートル、高さ一二〇メートルとしていたが、幅およそ三〇メートルとした点は組積み機構に関する後世の発見と一致する。ヘロドトスの言う百の門は、ギリシア人にとっての壮大さの観念に対応していると考えられる。実際には、城塞の弱みとなる門の数はごくわずかだった。バビロンの壁に関するヘロドトスの見解は、クテーシアスの物語と並んで後世の著作に大きな影響を与えた。

――シチリアのディオドロス(II:七―八)は異なる城壁を混同していた。彼は王宮地区の大周壁と三つの内側の壁を女王セミラミスに帰しているが、これは町の北方の城塞建築を指すものと思われる。彼の目的はヘロドトスと同様、バビロンの城塞がいかに圧巻だったかを示すことにあった。「セミラミスは……クニドスのクテーシアスによれば、町の周囲に三六〇スタディオンの壁を築き、随所に太く高い塔を設けた。クレイタルコスや、アレクサンドロスに従ってアジアに赴いた何人かの者が記すところによれば、壁は三六五スタディオン（約七〇キロメートル）に及ぶ。彼らによれば、彼女は一年の日数と同じ長さに仕立てあげるという野心を抱いたのだ」。これが巨大な数値、象徴的な数に関する説明である。内側の二つの城壁には装飾が施されていた。「塔と塁壁の上にはありとあらゆる獣がおり、巧みな色使いのおかげで本物と見紛うばかりであった」。イシュタル門の彩色装飾は、ディオドロスの物語のもとになったクテーシアスの時代には、まだ原形をとどめていたのだろう。

――ストラボン（XVI：一、五）はきわめて簡潔に、バビロンの城壁を「空中庭園」とともに世界の七不思議であると記している。彼が述べたのは市壁そのもののことだったが、用いられた言葉と伝えられた規模は、ヘロドトスによる第一の城壁の記述に非常に近い。

――ギリシア化されたバビロニア人ベロッソスは、ベール（マルドゥク神）が宇宙を組織する最初の行為のひとつとしてバビロンの壁を築いたと伝える。これは『創成神話』に基づく。ベロッソスは市内域が三重の壁によって囲まれていたことを正確に記している。

——十二世紀にバビロンを訪れたスペインのラビ、トゥデルのベンジャミンの記述によれば、彼の時代にはもはや大バビロンの巨大建築物の様子を伝えるものは何も残っていなかった。とはいえアラブの地理学者アル・ヒムヤリが古代バビロンの城壁として、幅が腕尺五〇、高さが二〇〇、全長一二八キロメートルに及ぶ強い壁について述べたのは、古典著作の物語と遺跡の強烈な印象に基づくものだろう。青銅製の百の門を備えた城壁——中世のアラブの世界観からすれば円形——は、ユーフラテスの水の流れる濠に囲まれていたという。

治水とユーフラテスの河岸整備——ユーフラテス川からは運河が引かれ、バビロンを横切っていた。川は運河や堀に流れる水とともに、町を完全に取り巻いていた。ユーフラテスは現地名で「豊かな大河」を意味するアラハトゥと呼ばれた。これが町の主要な商路となっていた。「豊饒をもたらしたまえ！」を意味するリビル・ヘンガラ運河はユーフラテス川に発し、南の王宮の下側の壁に沿って流れ、マルドゥク行列道路上に築かれた橋をくぐり、ついで東に向かい、壁の外へと至った。ユーフラテス川への出口は、ネブカドネツァル二世の命によって設けられた鉄柵によって塞がれていた。多くの運河に水が引かれたのは新バビロニア時代のことである。実際にも、上下水道や町の防備に関わる治水の問題は多くの文献資料に記されており、バビロンの発掘調査では川の護岸壁と堀の積み壁からなる大規模な機構が発見されている。

ユーフラテス川の堤防はバビロンの城塞構造に組み込まれていた。ナボポラッサルが川の東岸で大規模な工事を行なって貯水壁を築き、ネブカドネツァルがこれを強化した。さらにナボニドスがこれを二重化することにより、水流を河床に導きつつ、徐々に西方に移動させた。堤防の表面は平坦で、その上方には塔付きの補強柱を備えた大きな壁が聳えてこれを補強し、町を守っていた。堤防は洪水のときには水流を防いだ。通行は門と階段によって確保されていた。

一連の水利工事は、水で取り囲んだバビロン城外前方の防護施設とともに、新バビロニア諸王の建設計画の相当部分を占めていた。彼らはその新たな権力にふさわしい威容を町に与えようとした。ユーフラテス川はまた、地中海沿岸をはじめとする征服地の産品をバビロンに運び込むのに理想的な交通路でもあった。主要な港湾施設は川の東岸に設けられていた。

水流と河岸整備が重視されていたことは古典著作にも記されている。なかでもヘロドトスは、伝説上の女王ニトクリスによるというバビロンの巨大工事について語っている。「(バビロンの町は) 二つの部分に分れている。というのは町の中央をユーフラテスという河が流れて、町を仕切っているからであるが……城壁はどちらの側でも、その袖が河に達しており、そこからは［……］河の縁に沿って、焼いた煉瓦の塀がつづいている。……河沿いの塀には一つ一つの通りごとに小門が切ってある。つまり横の通りの数だけ小門があるのである……（I：一八〇）。女王は次に河の両岸に、長さといい高さといい実に驚くべき堤防を築いたのである。〔……〕女王は右のような、いろいろの開鑿工事によって町の防備を固めたのである（I：一八五－一八六）」

ユーフラテス川に架けられた橋――ヘロドトスはついで川の両岸を結ぶ橋について語っている（I：一八六）。ユーフラテス川に架けられた橋のことは、シチリアのディオドロス（II：七）によっても知られ、クイントゥス・クルティウスは「川に架かり、オリエントの驚異の一つに数えられている石造の橋」[1]として引いている。この橋はネブカドネツァル二世によって建設され、主柱となる六本の舟形の橋脚（二一メートル長×一・九メートル）が九メートル間隔で据えられ、うち二本は堤防の壁に結びつけられていた。組積みは瀝青で固められた焼成煉瓦である。ユーフラテス川を渡る橋の全長は一二三メートル余り、橋板は木製である。瞠目に値する建造物であった。

（1）クルティウス・ルフス『アレクサンドロス大王伝』（谷栄一郎／上村健二訳、京都大学学術出版会、二〇〇三年）に準拠した〔訳註〕。

市門（図2・8・9）――内側の周壁には八つの門が設けられ、バビロンの王が築いた防備体制の一部をなしていた。うち五つにはメソポタミア万神殿《パンテオン》の大神の名が付けられている。イシュタル（大女神）、マルドゥク、シャマシュ（太陽神）、アダド（嵐と天候の神）、エンリル（神々の古の王）である。他の二つは、その門が指し示す方角にある古代の聖域に祀られていた神々、すなわちザババとウラシュに捧げられている。八つ目は「王の門」であり、マルドゥク行列道路の延長の西端を画す。この門はマルドゥクの門の対面に位置していた。神の王とバビロンの君主たる人の王とは、並列的で両義的な存在であったに違いない。

市門には神聖名が冠されており、それらはバビロンを守護する役割と結びつけられている。たとえば南側のウラシュ門の名は「敵の恐怖の的となる」、北側のイシュタル門の名は「イシュタルはその敵を打倒する」である。伝統的に戦争の女神とされてきたイシュタルには、最も攻撃を受けやすいと考えられた場所の守護が委ねられた。この門は「王権の玄関」と呼ばれていた。遠征から凱旋した王はここから帰還し、毎年の新年祭に市外に向かう神々の王マルドゥクの像もここを通過した。イシュタル門は、その設備と装飾が示すようにバビロンの主門であり、同じく町の大きな玄関となっていたウラシュ門とともに神格化されていた。

図9　イシュタル門（アンドレ，*WVDOG* 32，1918年，図20による）

町の東側にあった四つの門が発掘調査の際に発見されている。碑文によって同定されたのはイシュタル門だけである。他の三つは『ティンティル』（五：四九―五六）のリスト中の順序やイムグル・エンリルの現状を報告する度量衡文書（BM五四六三四）によって同定された。壁の西側部分にあった門は、東側部分の門の対面に設けられていたと考えられる。これらの門は強力な防備を施され、大同小異の型に従って築かれていた。二重の門が二つの周壁にまたがり、塁壁から張りだした稜堡が脇を固めるという型である。古代オリエントの都市のあらゆる門と同様、通路は見張りやすいように狭くなっていた（四・五メートル）。この通路は青銅張りの木製の跳ね板によって閉じられた。二つの周壁の外には堀割式の貯水壁が並び、さらに見張り塔と稜堡によって強化されていた。門の手前では水を張った濠に橋が渡され、対岸に移動できるようになっていた。

イシュタル門はネブカドネツァル二世治下で数度にわたって再建され、バビロンの権勢と華麗の象徴のひとつとなった。この門はマルドゥク行列道路の道筋にあっただけでなく、町の北側の大城塞の一部をなしていた。最後期のイシュタル門には、他のバビロンの玄関よりも手の込んだ設備が施されていた。門の下部は新バビロニア時代に地下水位の下に潜ってしまったと思われるが、ネブカドネツァル二世は門の礎を「水の高さ（アプスー）」に据えたと述べている。建造時期の違いは設備が大がかりになったことや壁面装飾の技法が異なっていることで区別される。

イシュタル門の造りは発掘された他の門とおおむね同様である。第一の狭い門ないし副門（二八×一一メートル）は屋根のある門室になっており、塁壁の突出部をなす。通路の手前には二つの塔が設けられ、守護獣の銅像が置かれていたと思われる外側の補強部分との境となる。後方にはさらに豪壮な主門が市壁面に切られ、高い塔が脇を固める。塔の延長線上から市内に向け、高い壁に囲まれた細長い通路が続いていく（一五×八メートル）。二重門は全長四八メートル、高さ二五から三〇メートルに及ぶ。四つの扉は青銅張りの杉の跳ね板によって閉じられる。

当初は他の門と同様、堀割式の貯水壁との連結部もあったと考えられる。門はテラコッタ煉瓦で造られ、型抜きによって無釉煉瓦に浮かび上がった動物の姿で飾られていた。各列にはマルドゥクのシンボルたる角のある龍とアダドの牡牛とが交互に並び、到着者に顔を向け、あるいはファサードを正視していた。これらは敵を震え上がらせ、バビロンの神々の栄華を謳うという守護的、宗教的な役割を担っていた（図10）。

ところがネブカドネツァルが南の王宮の工事を始め、北方の「大王宮」と前方城塞を築くと、その際の盛り土のせいで、技師や建築家は塁壁の外側地帯を全面的に改造する必要に迫られた。隣接する行列道路や、それに続く門もまた、下方に埋没するのを避けるために底上げしなければならなかった。イシュタル門の最上層部は再建時の礎として利用された。このときに、市外に向いた門の正面の設備はさらに豪壮になり、三〇メートル幅の見晴台も設けられた。門には当初は浮き彫りのない彩釉煉瓦の装飾が施されたが、完成を見ることはなかった。装飾の模様と配置は以前と同じで、変化したのは技法だけだった。

北の塁壁の外側の王宮群と城塞の整地工事が巨大な規模になるにつれ、行列道路を同じ高さにするためにさらに底上げする必要が生じた。そこでイシュタル門の第三期工事が始まった。以前と同様の型に従って、いっそう高い位置に建てられた門は、紺色の施釉煉瓦がくまなく張られ、施釉煉瓦に浮き彫りにされた黄色と白の龍と牡牛で飾られた。必ずしも万人の理解を期待したわけではないにせよ、少なくとも万人の目に付くよう、壁面の一部に記された五三行の碑文には、王が完璧な事業を成し遂げたことが語られていた。「イムグル・エンリルとニミト・エンリルの壁の二重門の扉の位置が、バビロン通り（マルドゥク行列道路）の盛り土によって低まってしまった。余は門を解体し、その礎を煉瓦と瀝青でもってアプスー（地下水位）の高さに据え、混じりけのないラピスラズリの煉瓦を巧みに用いて門を再建し、牡牛と龍で飾った。屋根には巨大な杉の梁を渡した。扉の一つ一つに青銅張りの杉の跳ね板、敷居、肘金物を取りつけた。四隅には荒々しい青銅の牡牛と恐ろしい龍を置き、国中が賛嘆するよう、門を栄華

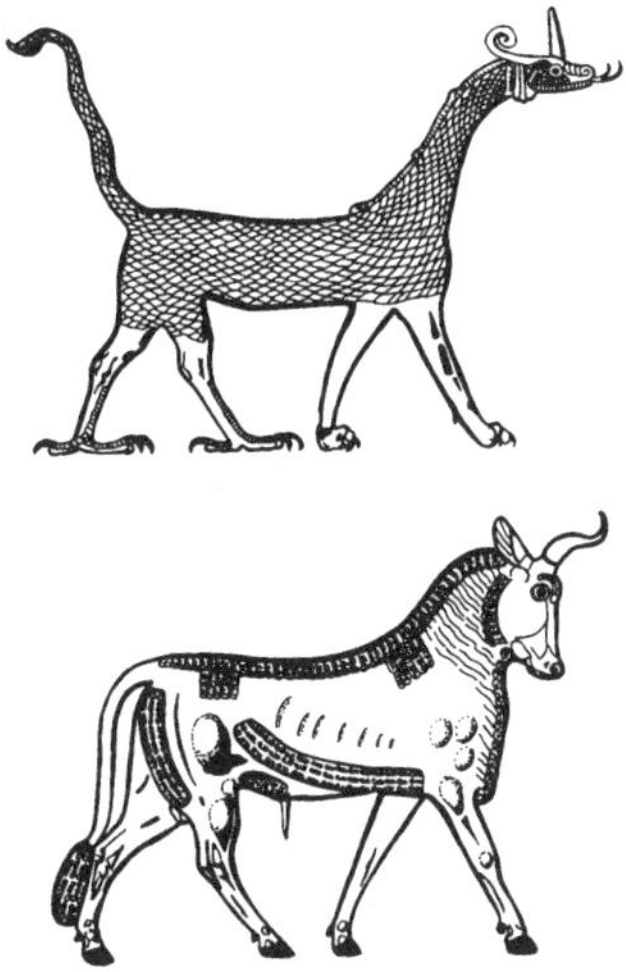

図 10　マルドゥクの龍とアダドの牡牛，イシュタル門の装飾

で埋め尽くした」(Nab.15, v - 55, vi)

マルドゥク行列道路の両側には、塁壁の外側二五〇メートルにわたって二つの高い城壁が平行に設けられた。これは西側では北の王宮と北の稜堡の周壁となり、東側では深い貯水場の周壁となった。これらの壁は厚さ七メートルで、塔を備えていた。

以上が、ネブカドネツァル二世がその首都と帝国バビロニアの心臓部の守りを固めるために設けた巨大な構造物である。「戦いの苦しみ、悪しき敵を、余はバビロンの壁から遠ざけ、バビロンを岩のごとく堅固なものとした」(Nab.15)

ネブカドネツァルは町の北側でも、宮廷が置かれ、帝国政府の中核となっていた王宮の大規模な拡張工事に着手した。この整備工事は威信を賭けて、またユーフラテス川の水位上昇や、それに伴う濠と運河の水位上昇の問題を解決するために行なわれた。防備施設によって周囲を固められた王宮は、まさに砦であった。ネブカドネツァルが血道をあげた城塞の築造は、彼の治世中には役立たなかった。彼は強大な王、世界の主人であり、バビロンが攻撃を受けたことはなかったからだ。バビロンの塁壁は友邦にとっても敵国にとっても、ネブカドネツァルの権勢と矜持、そしてそれが掻きたてる恐怖と感嘆の象徴となっていた。

2　王宮と公務（図8）

王宮群は、古典著作で世界の不思議のひとつに数えられたバビロンの伝説の一部をなす。これらの著作が賛美したのは、主として町の城塞、城壁と一体化した王宮、そして王宮庭園である。新バビロニア王朝以前のバビロンの王宮についてては何も知られていない。政治権力と宗教は相互依存の関係にあったが、バビロンの記述（『ティンティル』）のなかに世俗の建築物についての言及はない。われわれの史料となるのは、これらを造営あるいは修復した王が残した碑文である。

ネブカドネツァル二世はバビロンに三つの王宮を構えていた。いずれもユーフラテス川の東岸、町の北部に位置する。

――「南の王宮」は市壁イムグル・エンリルの内側に置かれていた。

――ついで塁壁をまたぐようにして、「大王宮」とも呼ばれる「北の王宮」（主王宮）が築かれた。砦が全体を守り固めていた。この砦は西と北の二つの稜堡からなり、王宮をまさに城塞とした。

――「夏の王宮」は町の北方およそ二キロメートルの地点にあったが、外側の塁壁である「強い壁」によって守られていた。これが最後に造営されたと考えられる。

王権思想と王宮の役割――ネブカドネツァル二世

は帝都で成し遂げた大工事を並べあげた碑文のなかで、王権および王宮の役割に関する考え方を披瀝している。王宮は王国のあらゆる権力を集めた場所としてとらえられている。「そのとき、わが王権の居所、民の結び目、喜びと幸せの住まい、わが臣下による表敬の場たる王宮を、余は（バビロンの）カ・ディンギラに再建した。……この場所より、王たる余の決定と皇帝たる余の命令を知らしめた。両手を上げて神々の主に祈った。……『おお国々の主よ……私が建てたこの住まいは、喜ばしいほど華麗なものとなりました。バビロン（のこの住まい）において、私が長命に至り、子孫を見ることができるようにさせたまえ！　私がここで、あらゆる地とあらゆる民の王たちから重々しい貢ぎ物を受け取ることができますように！　わが子孫がこの場所で、黒頭の上に永久に君臨しますように！』」（Nab. 9 iii, 27-fin）。「黒頭」というのは、かつてシュメール人が自称に用いた古い表現である。王宮は王権の安定の後ろ盾であり、王の居所であるとともに、国の政治、司法、経済の中核でもあった。ここに運ばれる朝貢品は、あらゆる地に対するバビロンの王の君主権の証であり、帝国各地の豊饒とともに首都の繁栄を示していた。「国々の結び目」というのはそうした意味である。王の華麗な住まいは宇宙の上に立つバビロンの威光を示し、住民に誇りを与えていた。

この都市が過去に陥落したのは、当時の王がバビロンに住んでいなかったからである。王はカ・ディンギラ＝バビル（バビロン）地区に権力の中心を置くことで、彼を王座に召命した神々が正しい選択をしたことを示そうとした。神々はバビロンの心臓部から——またバビロンの名そのものから——発される力に依拠することにより、マルドゥクが宇宙の秩序を保つのと同じように、この町に象徴される地上の秩序を保つことができた。バビロンはシュメールの古い聖都エリドゥの宇宙的な再来であり、マルドゥク神殿はエリドゥの名を冠されたバビロン発祥の地に置かれていた。俗権と聖権は結びつき、相互に浸透しあっていた。この関係は、人間の権力の座である王宮の置かれた町と、神の権力の座である主神殿の建てられた町との一体化を、王が欲したことにも示されている。「かつて、古の日々より余を生みし父たるバビロンの王ナボポラッサルの治世に至るまで、神々が王位に就けるために余に先立って召したまいし多くの王が、みずからの愛《め》でし町に王宮を築き、住まいを設け、領地を寄せ、富を集めた。彼らは（新年の）祭の日にはバビロンに入城した。……マルドゥクが王位のために余を創りたまいしとき……余はいかなる都にもバビロンほどの栄光を許さなかった」（Nab.14 et 15 vii, 9）。ネブカドネツァル二世はその王朝を過去の王のそれとは異なるものにした。バビロンを数ある居所のひとつとしか見ていなかった彼らには「バビロンの王」の称号を名乗る資格はなかった。彼はバビロンを併合したのちに支配した外国王朝に言及した。マルドゥクの聖都に政治的威信を取り戻したのはナボポラッサルの王朝である。バビロンのカ・ディンギラ（バビル）地区だけが、神々の選択によって世界の王となった者の玉座を置くにふさわしい場所だった。「わが心はわが居所がほかの町にあることを望まない。余はほかのいずこにも、わが政府の座となる王宮を築きはせず、わが王権の貴重な宝を置きはしない。バビロンのなかにさえ、わが王権にこれほどふさわしい場所はない！」（Nab.15 viii, 19-30）

「民の賛嘆する王宮」と呼ばれた南の王宮（ジュートブルク）

この文書には城塞の内側にあった王宮のことが記されている。造営はアッシリア支配時代に遡るが、再建されたのはナボポラッサルの時代である。ネブカドネツァルは川のほとりにあった父の住まいを拡張し、みずからの居所の東方向への拡張に着手した。「『民の賛嘆する家』（と呼ばれた王宮）……バビロンのカ・ディンギラ（地区）に（位置する）王の家……」は地理的には「イムグル・エンリルから東の運河たるリビル・ヘンガラまで、ユーフラテスの岸辺からバビロン通りまで」広がっていた（Nab.14ii, 1-6; 15vii, 42 s.）。北は周壁から南はユーフラテス川の運河まで、西は川から東はマルドゥク行列道路まで、ということになる。王は旧来の王宮の内部と周囲に大工事を行なう必要を感じていた。川の水に浸食され、壁が崩れかけていたからである。しかも、イシュタル門の工事のきっかけとなった嵩上げにより、王宮の門の位置は通りの高さより低くなっていた。

南の王宮は台形状（三二二×一九〇メートル）になっていた。この不規則な形は造営が複数の時期にまたがったことに由来する。主要なファサードは以前からの行列道路の道筋に沿っていたが、旧来の王宮の方角にも合わせる必要があった。そのため、豪壮な玄関に続く東の中庭は不規則な形になった。

王宮の周壁は焼成煉瓦で築かれ、瀝青で固められていた。規則的に配置された縦横の梁の接合面が内壁を補強していた。王宮には東側から、豪壮な扉口を通って入る。塔によって脇を固められ、幅四メートルの開口部となる扉口は、ファサードのほぼ中心に位置し、町の目抜き通りであるバビロン通りに面していた。ファサードは規則的に並ぶ張りだし塔によって飾られていた。東北には通用口があり、行政地区と倉庫に通じていた。門はトンネル型のアーチ天井を戴いていた。北側の外壁は、町の要塞壁と密着していた。南のファサードはそれよりも隙がなく、狭い扉が点在するだけだった。西の壁は、稜堡が築造されるまでは、方形の塔門を介して川に面していた。のちにダリウスやクセルクセスなどのペルシア王が、旧来の南の王宮に居所を構えつつ、王宮と稜堡のあいだに残された空間にペルシア様式の王宮を造営した。バビロンは彼らにとって冬の居所となった。

王宮の生活はネブカドネツァル二世時代には五つの主要な中庭を中心に営まれた。中庭の南側には公用部分が建ち並ぶ。広間が置かれ、それが他の空間へと連なっていた。北側にはこれよりも小さな中庭が並び、日常業務や多数の住人の私生活に用いられる部屋に囲まれていた。二階もあった。

これらの中庭は王と宮廷人の住まいであるとともに、政府と官庁の座でもあった。王の豪奢な生活には膨大な人員――職工、労務者、召使い――が必要だった。最初の二つの中庭(東の中庭と中央の中庭)は経済と行政、三つ目(主要な中庭)は政府の機能を担っていた。ナボポラッサル時代に造られた第四の中庭(西の中庭)は、その西側の付属の中庭とともに、ネブカドネツァルの一族と随員の居室部分となっていたと思われる。新たに増築された東側部分は高い位置にあったため、西側部分に下りていくスロープを設ける必要があった。隣の中庭との境には、王宮の玄関と同様の型に従って建てられ、大広間となる豪壮な二重門があった。

中庭と王宮内の主要通路、および一部の重要な部屋はタイル張りで、床と壁は方形のテラコッタ煉瓦(一辺三三センチメートル×高さ七・五センチメートル)でできていた。その他の部屋は土間であり、ござや絨毯が敷かれていた。壁の下に設けられた樋や、井戸、泉を見れば、配水がよく考えられていたことがわかる。

玉座の間は王宮の心臓部にある。発掘調査隊が「主要な中庭」と呼ぶ第三の中庭(六〇×五五メートル)

は最も豪壮なものでもあった。入り口は一種の凱旋門となっており、その北側の内壁には階段の土台が付いていた。中庭の南側は幅広に（五二×一七・五〇メートル）造られた玉座の間に接しており、長い側の壁には六メートルの厚みがあった。玉座の間には三つの門が設けられていた。奥の壁際には、中央の扉と向かい合わせに王の台座が据えられていた。

五六メートルの長さのファサードは、イシュタル門と同様に技巧を凝らした彩釉煉瓦で飾られていた（図11）。様式化された生命の木の絵様帯《フリーズ》、円花飾り《ロゼット》と花飾り、幾何学模様、ライオンの絵様帯《フリーズ》からなる。他の装飾には凹凸がないのに対し、ライオンは浮き彫りになっており、また尾を上げている点が行列道路のそれとは異なる。ライオンは大きな門の左右に対称に並んでいた。この飾りは装飾的であるとともに象徴的なものであり、縁起のよい姿で王宮を守っていた。聖なる木たるナツメヤシは多産と長命の象徴であり、百獣の王たるライオンは女神イシュタルのシンボルとして、ここでは王と帝国の力と権勢を表わしていたと思われる。

玉座そのものは他の調度と同様に奪い去られているが、木製で、金と象牙、宝石の化粧張りと象眼が施されていたと考えられる。ネブカドネツァルは王宮の富について次のように述べている。「青銅張りの杉の跳ね板、職工の逸品、敷居と肘金物、青銅の装飾品を、余は門に据えつけた。銀と金、貴石、す

図11　「南の王宮」の玉座の間のファサードの装飾
（アンドレによる復元，ベルリン博物館蔵）

べてのすぐれたる美しきもの、王権の財産と宝と富をここに積み上げた。大量の王の装飾品をここに集めた……」（Nab.15 viii, 5-18）

王宮は裁判所の役割を果たしていた。裁判は公開であり、門のところで行なわれた。ネブカドネツァルは「新たな裁判所」を築いたと述べている。大きな国事裁判は玉座の間で開かれたと思われる。

アーチ天井の建物――王宮の東北の角では、他の設備と異なる、つまり周壁に接し、最初の二つの中庭群に連なる構造物が深い層に埋もれていた。この大きな建造物（約四〇×五〇メートル）の中央部分には、天井がアーチ型になった一四の細長い部屋が二列に向きあって並んでいた。この部分は小部屋の並ぶ側廊に囲まれ、四方を厚い壁によって守られており、入り口としては南側に二つの狭い（一・四〇メートル）ものがあるだけだった。地上階もあったと思われ、上層の一部は石造だったと考えられる。厚い壁はイシュタル門の設備と行列道路の嵩上げ部分を支えていた。井戸と水道があったことから、発掘調査団は「空中庭園」の基礎構造を発見したと考えたが、町と王宮の玄関口に近いこと、小さな裏門から容易に出入りできること、地下に築かれていたこと、空気を外より安定した状態に保つに適した厚い壁があったことから、むしろ王宮の倉庫であったと思われる。ここからは甕類と、二九〇〇枚の書板からなる経済文書群が発見された。ネブカドネツァル二世の治世第十年から三十五年の日付が記された書板は、高位の戦争捕虜その他の異邦人への胡麻油、穀物、ナツメヤシ、香辛料の配布に関わるものである。恩給を受け取った者のなかには、ネブカドネツァルによって一族とともにバビロンに連行されたエルサレムの王、ユダのヨヤキンの名も記されている（VAB二八一八六）。穀物は町の他所にも貯蔵されていた。王宮の地下倉だけでは、大人数に必要な毎月の穀物と油を確保するには不充分だったのだろう。

王墓（と思しき墓）――王宮北側の周壁の西側部分には急造された墓（二・二〇×二メートル）があり、貴人のものとしか考えられないテラコッタ製の柩、金の装身具と宝飾品が納められていた。宝飾品の飾りに月のシンボルが含まれていることから、月神シンを崇めたナボニドスの墓所とも考えられる。キュロスの入城によって治世の終わりを迎えたナボニドスが、このときに殺害され、忠臣によって埋葬されたのかもしれない。しかし、バビロニアとペルシアの文献資料はいずれも、彼は一命をとりとめたと伝えているようだ。この墓の主は、文献からは不明だが戦死したと思われる息子のベール・シャラ・ウツル（ベルシャザル）か、キュロスによるバビロン陥落の直後に死んだ王妃だと考えるべきだろう。

「大王宮」と呼ばれた北の主王宮（ハウプトブルク）

イシュタル門とマルドゥク行列道路の嵩上げ工事は、ネブカドネツァル二世が町の西北部に城山を築いた際の大規模な造成工事の一環をなす。彼は高さ一五メートルの基盤の上に新たな王宮を建て、これを「大王宮」と名づけた。全容はまだ出土していない。

この王宮は北の大稜堡に連なり、周壁の上から張りだす形で階層式に築かれた。王は以前の濠を埋め、その前方に大きな壁を築いた。土台は居住部分を建てるのに利用した。「壁のあいだに余は王の住まいとしてテラス式の大きな建物を築き、それを父の王宮に加えた。好ましい月のふさわしい日に、アプスー（地下水面）の心臓部に礎を据えた。頂は岩の崖のごとく高くした。余は工事を十五日間で終えた」（Nab.15 viii, 53 - ix, 1）。高さ八メートル、幅二〇〇メートル以上に及び、周壁によって砦と化したテラスの上に、王の居所が整えられた。この住まいの平面図は矩形をなし（東西一七〇から一八〇メートル、南北一一五から一二〇メートル）、二つの主要な中庭（幅三五メートルおよび三二メートル）、それを囲む公用の間、西側と北側の付随的な中庭からなっていた。

工事の速さに言及しているのは、王が巨大な王宮を記録的な期間で築くための人足と資材を集められるほどの帝国の権勢を見せつけようとしたからだろう。この大工事はまさに、エルサレムの略奪とその住民の二度目の連行を実施したネブカドネツァルの権力が最高頂に達し、バビロンが力と富の絶頂にあった時期に行なわれた。

玉座の間と接見所は南の王宮に残す必要があったものの、この大王宮は単なる城塞というわけでもなかった。王は遊興の場にふさわしい設備と洗練された装飾について述べている。「余はわが王宮を華麗なものとした。高山から届いた巨大な杉の梁、太い樅の梁、糸杉の梁をもって屋根とした。銀と金を張った杉や糸杉、黄楊や象牙の……跳ね板、青銅の敷居と肘金物を門に取りつけた。頂にはラピスラズリの絵様帯《フリーズ》を設けた」(Nab.15 ix, 2-18)。新しい王宮の壁の上部には青い施釉煉瓦が張られた。

この巨大事業の総仕あげに、彼は新しい王宮を守る**北の稜堡**を築いた。大きな石灰岩のブロックを張って強化した巨大な壁をもってバビロンの防備を固める強力な城塞である。この厚さ一七・五〇メートルの壁の前には水を張った濠がめぐらされた。壁の下にはアーチ天井の付いた運河が引かれ、攻撃を受けた場合には水を放出し、屋根のある通路として使えるようになっていた。「ユーフラテスの岸辺からイシュタル門に至るまで、余は町の脇を固めるべく瀝青と焼成煉瓦で大いなる城塞を築いた。……強力な見張り塔をいとも巧みに並べ……この煉瓦の壁の向こうに高山から届いた巨石の強力な壁(を築いた)。その頂は山のごとく高くした」(Nab.7 et 15)

「美術館」——シチリアのディオドロス(II：八)はこの王宮に莫大な富を見た。「(他の王宮のような)動物の姿の作品の代わりに、ニノス王、セミラミス女王、廷臣たちの銅像や、バビロンの人びとがべロスと呼ぶゼウス（マルドゥク）の銅像があった」。この記述は北の王宮の東北の角で見つかった彫像についてのものだろうが、それらの像は新バビロニアよりも古い時代に属しており、バビロンのものではなかったことから、新バビロニアの王――おもにネブカドネツァルとナボニドス――が「美術館」を設けていたのではないかと考えられる。コルデヴァイはこの区域で、人間を踏みつけるライオンの姿をした玄武岩製の巨大な石像を地表に認め、発掘調査に取りかかった。この像はおそらくヒッタイトの品で、ネブカドネツァルがアナトリア遠征の際に持ち帰ったものと思われるが、さらに古い時代の略奪品が勝利に輝く王の象徴として新王宮に飾られた可能性もある。彫像、石碑、貴重な文物など他の多くの美術品も、歴代君主によってここに保管されていた。これらは戦勝記念品であり、王がバビロンに持ち帰った戦利品であった。これらの美術品は秘蔵の財宝だったのだろうか、それともバビロンの王の宮殿を飾るために陳列されていたのだろうか。ネブカドネツァルは言う。「余は万民を賛嘆せしめるよう、この家を設け、高価な調度で満たした。王の栄華の荘重にして壮麗かつ恐るべき証拠が（この場所に）散りばめられた」（Nab.15 ix）。彫像コレクションのことを述べているのだろう。このコレクションには呪術的な守護の役割とともに、宮廷に迎えられた異邦の王侯に向け、強大なバビロンの王に刃向かうことを牽制する役割があったものと思われる。したがって、彫像は目立つように置かれていたと考えられる。

ネブカドネツァル二世は北の城外の工事と並行して、焼成煉瓦製の巨大な**西の稜堡**を河床自体に築き、旧来の王宮の西側の守りを固めた。壁の厚みは一八から二一メートル、稜堡の長さは二三〇メートル、幅は一一〇メートルに及ぶ。大きな連結壁によって南の王宮と結びつけられており、連結壁には北の稜堡と同様に屋根付きの水道が設けられていた。ここの出土品は、上層に付設され、おそらく橋によって大王宮とつながっていた小王宮など、内部設備の一部にすぎない。西の稜堡が築造されたのは、この守りの弱い前方地区を囲い込む塁壁の外側に、北の稜堡に先立って第一の壁が築かれた時期だったと思われる。「ユーフラテスに乾いた土地はなかった。エサギラとバビロンの防備のために、川（の床）自体に、余は瀝青と焼成煉瓦でもって大きな砦を築いた」（Nab.20 i, 65-67）。しかし、この建造物はもとの河岸から一〇〇メートルも張りだしており、川の流れを塞ぎ、西方に押しやるようになった。そのため、ネブカドネツァルは新たな堤防壁を築く必要に迫られた。これは町の東岸の洪水問題を解決したが、西岸は徐々に水没した。

イシュタル門の東北に張りだした建造物は、西北部分の施設群と対になっているように思われるが、壁には薄いものもあるため、**貯水場**であったと考えられる。イシュタル門が東側では嵩上げされていないことからしても、位置は西北部分よりもかなり低い。満水時は同じ高さになったのだろう。

「空中庭園」と思しき王の庭園――バビロンに「空中庭園」があり、世界の不思議のひとつに数えられているという古典文学の主題は、アレクサンドロス大王の時代に遡る。つまり、実在したと考えられる時期よりも後代である。バビロンの「空中庭園」について述べた歴史的に信頼性の高い著作家の筆頭はベロッソスである。彼はネブカドネツァルの王宮のなかに、ロマンティックな発想から高所に植え込みが設けられていたことを誇った。

空中庭園が古典著作で不思議とされたのは、その巧みな建築構造による。庭園は階層式になっており、円柱か支柱、もしくはアーチの上に載っていた。ストラボン、シチリアのディオドロス、ビザンツのフィロン（の『世界の七不思議』）では、一定間隔で届けられる水による高度な撒水方式のことが感嘆をもって述べられている。ストラボンとディオドロスによれば、水はユーフラテス川から引かれていた。それゆえ植え込みに必要な大量の水を得るのは夏場でも容易だった。庭園の高さは周壁の高さに一致していた。ディオドロスとストラボンは高さが腕尺で五〇前後ないし足尺で八〇前後、すなわち二五メートルという数字を挙げる。庭園の場所については、ベロッソスは王宮のなか、ディオドロスは城山（王宮）近くで川のそば、ストラボンはユーフラテスの岸辺、クイントゥス・クルティウスは砦の最上部にあったとする。これらの物語は、庭園の場所を突き止めようとする考古学者の根拠とされ、庭園を描こうとする近代の芸術家のモデルとなった。庭園が実在したとすれば、王の庭園であった以上、論理的には王宮地区にあったと考えるべきである。

バビロンの王の庭園は私邸部分のそばにあったものと考えられる。ネブカドネツァルは新王宮を造営した際に大きなテラスを築いたと述べている。この記述は「空中庭園」の伝説上の構造とも一致するように思われる。高低差が二三メートルという点からすると、庭園が西の稜堡と「大王宮」の西側傾斜面から北側に張りだしたテラスとなって、川沿いに広がる緑地帯を見下ろしていた可能性は充分にある。北の王宮の下方で発見された運河は、イシュタル門の東に張りだした貯水場と思しき建造物につながっていた。水は水車式の灌漑技術（ノリア）によって汲み上げられ、階段状に配置されたテラスの上を庭園の下方に向かって流れ落ちたのだろう。

ネブカドネツァル時代のバビロニアの公式碑文に庭園に触れたものはない。アッシリアの史料としては、きわめて詳細な『年代記』のなかに、緑地帯と庭園の設備の話が付されたものがある。バビロニアでこれに相当するのは、きわめて簡潔に歴史的事件を物語る『歴代記』だが、バビロンの庭園の評判を述べた書簡（BIN一、七〇）も存在する。王宮庭園への言及は前一二〇〇年前後から見られ、前九世紀のボルシッパのナブー神殿の賛歌には「庭園が都の誇りを高めている」とある。

このようにバビロンの王宮庭園は、最初は日陰の涼しい快適な場として、王家の人びとに花や果樹、観賞用の木々に囲まれた豪奢な憩いを与えるものだったが、神々の食物と人間の食物も与えてくれた。ネブカドネツァル二世が神殿に捧げた多くの供物は、王宮庭園に育つ多種多様な木々の産物だったと思われる。「神々のために、その御前に、日ごとに、食物のうちに……植え込みの豊かさ（を示す）大量の果物を余は運んだ。林檎、無花果、石榴、葡萄、ナツメヤシ、干し無花果、あふれんばかりの野菜、庭園の豊饒を……」（BM四五六九〇）。王の庭園と神殿——とくに医術の女神グラ——の庭園には、香料や薬を作るために芳香植物や薬用植物も植えられていた。

前一千年紀のメソポタミアの庭園についてのわれわれの知識は主としてアッシリア王の庭園に関する記述に由来する。これらの庭園の造りはバビロニアの庭園のそれを反映していると考えられる。センナケリブはその首都ニネヴェと「並びなき王宮」のうちに、伝えられるバビロンの「空中庭園」に似た華麗な植え込みを所有していた。盛り土のなかに設けられた水道に沿って水が運ばれ、運河を伝って庭園の斜面を流れた。おそらくバビロンの記憶とニネヴェの記憶が、ギリシアの著作のなかで混じりあったのだろう。

こうしてネブカドネツァルの庭園は伝承として言い伝えられた。この庭園が周壁とテラスの上という高所に設けられ、その繁みが遠くからも目に付いたことは確かである。砂漠地帯を渡ってバビロンに着き、町の近辺でナツメヤシ園や果樹園、菜園や耕地を目にし、周壁の上に生えた木々を見れば、これに驚嘆して不思議と受け止めたに違いない。しかもバビロンの街路ではナツメヤシの木が影をなしていた。大邸宅には美しい庭園もあったことだろう。

「ネブカドネツァル、万歳！　エサギラに心を配る者に長命を！」と呼ばれた「夏の王宮」

ネブカドネツァル二世は治世末期に、塁壁の外側二キロメートル足らずの北方に王宮を造営した。この王宮は「強い壁」の上にそそり立ち、王はそこから町や城壁の向こうの地帯を見渡すことができた。これが立地の選択理由であったことは確実だろう。「煉瓦の壁の近く、北方に、わが心はバビロンを守るための王宮を築くことを命じた。瀝青と焼成煉瓦でもって、バビロンの王宮に匹敵するような王宮を余はこの地に築いた。……この住まいを余は『ネブカドネツァル、万歳！　エサギラに心を配る者に長命を！』と名づけた」（Nab.14 iii, 11-19）。この王宮は基礎構造しか残っていない。王宮は盛り土の上に建てられ、一辺二五〇メートル近い正方形をなしていた。他の王宮と同様に、二つの主要な中庭を続きの間が囲んでいた。中庭の南側は公用の広間に続いていた。王宮の西側はユーフラテス川に接していた。後世にパルティア人が王宮を改造し、塔の付いた大きな壁を増設した。

この最後の王宮は、ネブカドネツァルの最後の公用建築物ではなかったかもしれないが、バビロンの壮大な王宮群を完成させたものであることは間違いない。

3 聖都（図2・12）

聖所――市内域には四三の主神殿があり、その多くはメソポタミア万神殿《パンテオン》の太古の大神に捧げられ、ユーフラテス両岸の由緒ある街区、エリドゥとクマルに散らばっていた。多くの聖堂や路上の祭壇には神々の象徴である「聖像」が置かれていた。これらは祭の行列の際、なかでもマルドゥク像が至聖所から出され、定められた道順に沿って町を練り歩く新年に祈禱を唱える場となった。発掘調査によって東岸に八つの神殿が発見されている。ほかに八つの神殿のおおよその位置が地誌書によって、また周辺地区で売却された家屋その他の物件の詳細情報の記された契約書によって判明している。未発見の新年（アキトゥ）祭の神殿は塁壁の外側、おそらくは「強い壁」の近くに位置していた。

重要な神々には複数の神殿があった。たとえば町の守護を担い、「バビロンの婦人」（ベーレト・バービリ）

とも呼ばれる大女神イシュタルについては、その多様な相貌のそれぞれに捧げられた五つの神殿が異なる街区に置かれていた。単にマルドゥクの妻ツァルパニートゥにとどまらない町の守護女神としてのイシュタルの主神殿は、マルドゥク神殿のある最も神聖な街区に置かれた。イシュタルの他の付随的な神格は、この女神の一面を表わすにすぎない。シュメールの女神イナンナに由来する愛と多産、性の女神としてのイシュタルは、新バビロニア時代よりものちの古典著作ではアフロディーテ／ヴィーナスと同一視された。

メソポタミアの神殿の伝統的な造り（図6b）は民家や王宮の造りを踏襲している。中央に中庭があり、玄関はひとつか、あるいは二つの場合は相互に直交する位置に作られ、門に対して第三の辺には神の居室たる奥室が置かれ、その奥に内陣が設けられた。一部の神殿では、奥室の手前に控えの間となる前の奥室が置かれ、大きな神殿の場合には二つ置かれる場合もあった。高い門の天井はアーチ型をなし、基礎部分は前方に突出し、低い前方壁となっていた。部屋と中庭の床には瀝青が塗られている場合もあり、壁面は白と黒の模様で飾られた（ナブー・シャ・ハレー神殿）。ファサードと外壁には凸状の壁柱が取りつけられ、建築に興趣を添えていた。門の両脇は塔が固めていた。

日常的な祭儀は、神像を着飾らせ、食物や生贄を捧げることにあった。バビロンの神殿のそれぞれに、定められた暦に従って特別の供物が捧げられた。

　王には神殿を補修し維持管理する義務があった。大規模な工事は王によって命じられ負担された。ネブカドネツァル二世の称号のひとつに「エサギラ（マルドゥク神殿）とエジダ（ナブー神殿）の扶養者」がある。マルドゥクの息子、書記と学芸の神ナブーは、天命の書板を預かり、宇宙を司っている。ナブーはネブカドネツァル二世が特に崇めた神であり、バビロン南方一五キロメートルの都市ボルシッパに置かれ、エジダ、すなわち「清らかな家」と呼ばれた主神殿には、マルドゥク神殿と同じぐらい配慮が払われた。ナブーにはエサギラの一室のほか、バビロンに三つの神殿が設けられていた。

　ネブカドネツァル二世が医術の女神グラの神殿に据えた定礎碑文には、建物を築造あるいは修復する際になすべき行ないが記されている。そうした儀式の際には、世界の起源を語る宇宙論が簡略な形で朗詠された。その核心は原初の煉瓦の創造である。悪い兆しを避けるために、重要な行ないは宇宙の誕生と、行なおうとする物事の神的な原型の創造とに結びつける必要があった。「そのとき、わが命を守り、子孫を与えたまいし最愛の婦人ニンカルラク（グラ）のために、古の日々より廃墟と化し、再建する王もなかったバビロンの中心部を余は穿ち、神殿の古い礎を見出した。……城壁を……見つけて掘りだした。……その壁を瀝青と焼成煉瓦で固め、女神にふさわしいものとするために腐心した。……アダドとシャマシュがわが采配に神託をもって応えたもうた（占いと呪術を行なった際に天候神と太陽が顕現した）。……余は病を退けるために護符を作って礎のうちに置き……神殿を山のごとく高くした。おお偉大なる婦人グラよ、わが日々と年々をながらえさせたまえ。わが魂に平和を与え、体調をすぐれたるものとせんことを。天地の主マルドゥクの御前に、わが敵が滅び、敵の国が廃墟となるよう求めたまえ」
(Nab. 1 iii, 5-48)

「神々の王」マルドゥク――マルドゥクはシュメール起源の古い万神殿《パンテオン》の大神を習合し、前二千年紀末のネブカドネツァル一世の時代に最高神となった。習合された神々は、最古のシュメール都市国家ウルクの天空神で、神々の王たるアン（アヌ）、シュメール都市連合の宗教都市ニップルの神で、大地と大気の主人、万神殿《パンテオン》の代表たるエンリル、ペルシア湾の潟のほとりにあったエリドゥの主で、地下水と知恵の主人たるエンキ／エアである。この三体神は宇宙の三つの面を支配していた。彼らの力は前一千年紀のバビロンでマルドゥクに統合された。マルドゥクは単にベールと呼ばれる場合も多い。これは「主」、つまり世界のあらゆる力をその神殿に集めた神のなかの神を意味する。

この頃に編纂された『創成神話』（エヌマ・エリシュ）は、『ティンティル』とともにバビロンとマルドゥクの昇格を神話的、文学的に説いており、宇宙の起源を要約している。それは、原初の水の姿をした混沌の勢力に抗して世界を組織した神々の戦いである。太古の昔、真水アプスーと塩水ティアマトは分かたれない全体をなしており、ついで神々を生みだした。神々は世代を重ねるにつれて進化し、アプスーとティアマトによって滅ぼされそうになったため、エアがアプスーを打ち倒し、ついでエアの息子であり、進化した神々の雄たるマルドゥクが、ティアマトによって送り込まれた深淵の怪物どもを打ち破った。勝利を収めたマルドゥクは神々の王となり、秩序ある宇宙を創造してこれを治めた。その中心が、宇宙のあらゆる力とあらゆる秘密を集め、バビロンの心臓部をなす「高き頂の家」エサギラである。

都市はその神の神性の一部をなしていた。神と都市と神殿は一体であった。世界の宇宙的な中心としてのマルドゥクの聖所を讃えることは、地上の統治の中心であるバビロンの町を讃えることと一対だった。「神々の宮」とも呼ばれるエサギラは王国の最も神聖な場所であり、王宮群の南方の街区エリドゥに位置していた。エリドゥはバビロンの別名でもあり、これは神話の上で古代のエンキ／エアの聖都が、王朝と宇宙の正統を得たことによりその息子となったマルドゥクの聖都と同一視されたことによる。新バビロニア時代の創成神話では、エリドゥとバビロン、またそれぞれの神殿アプスーとエサギラは、原初の海アプスーから現われた最初の大地として、同一の場所と見なされている。

「そのとき、エリドゥが築かれ、エサギラが、
アプスーのただなかに『原初の都の主』がいましますエサギラが創られた。
バビロンが築かれ、エサギラが完成を見た」（CT一三、三五）

「神々の王の宮」たるマルドゥク神殿（図12・13）

――ネブカドネツァル二世はマルドゥクの住まいを「蒼穹に輝く星々のように」輝かしいものとした。神殿の造りは前三千年紀末以降のメソポタミアのおもな聖所と共通しており、下方神殿と多層塔《ジックラト》の頂上部に設けられた上方神殿からなる。バビロンの神殿は王国の国家神殿であったため、壮大な規模を誇っていた。

エサギラ――「高き頂の家」と呼ばれる下方神殿は一部しか掘りだすことができなかったが、発掘された時点でも、瀝青で固められた焼成煉瓦の壁が高さ一〇メートル以上にわたって残されていた。考古学者の測量によれば大きさは一八〇×一二五メートルにのぼる。文献資料によればこれにもうひとつの中庭が付随するため、本殿は南に延長され、総面積は八〇〇〇平方メートル以上に及ぶことになる。

エテメンアンキ――「天と地の礎（たる）家」と呼ばれるジックラトは、土台が一辺九〇メートル強の正方形をなし、さらに南方に五二メートル近く張りだした豪壮な階段が付く。高さは九〇メートルに及

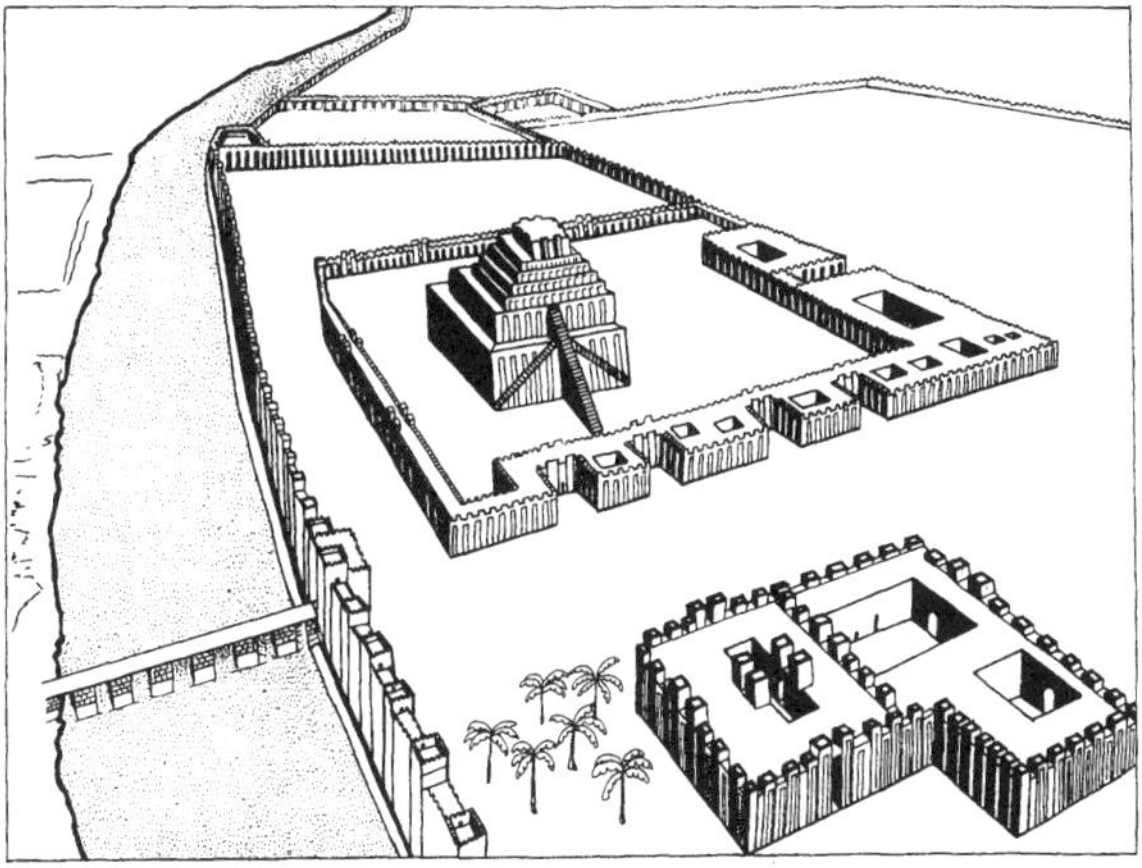

図12　マルドゥク神殿の鳥瞰図
下方神殿（エサギラ）とジックラト（エテメンアンキ）
（コルデヴァイ, 1925年, p.186 による復元）

び、七層からなる。エテメンアンキはエサギラの北側にあり、ネブカドネツァル二世時代に築かれた一辺四〇〇メートル強の周壁の内側にある。

エサギラの名が神殿の集合体を指す場合もある。その設備やそこで行なわれた祭礼は文献資料から復元することができる。ルーヴル美術館が所蔵する『エサギラの書板』はバビロニアの数学書であり、現存するのは前八世紀から六世紀のあいだに書かれた原本に従って前二二九年にウルクで作製された写本である。下方神殿に関して書記が書き残したのは前方の二つの中庭についてだけだが、大英博物館蔵の断片（BM四〇八一三）によって補われる他の部分にジックラトについての記述がある。この文書は学者のあいだだけで流通した科学者文献に分類できるだろう。書記は次のように謳う。「この寸法が手ほどきを受けた者から手ほどきを受けた者に示されますように。俗人がこれを見てはなりません」。とはいえ、そこに記されているのは実在する建造物の大きさである。同様の情報は度量衡文書や（門および祭壇や聖堂の）リストでも示されている。史実に関わる王碑文や定礎碑文からは神殿の内部構造を知ることができる。

ジックラトの頂上部に設けられた上方神殿は規模は小さめであるが、下方神殿の聖堂と同じく神殿のなかの神殿であり、聖所のなかの聖所であった。天にそそり立つこの神殿には、メソポタミアの古い

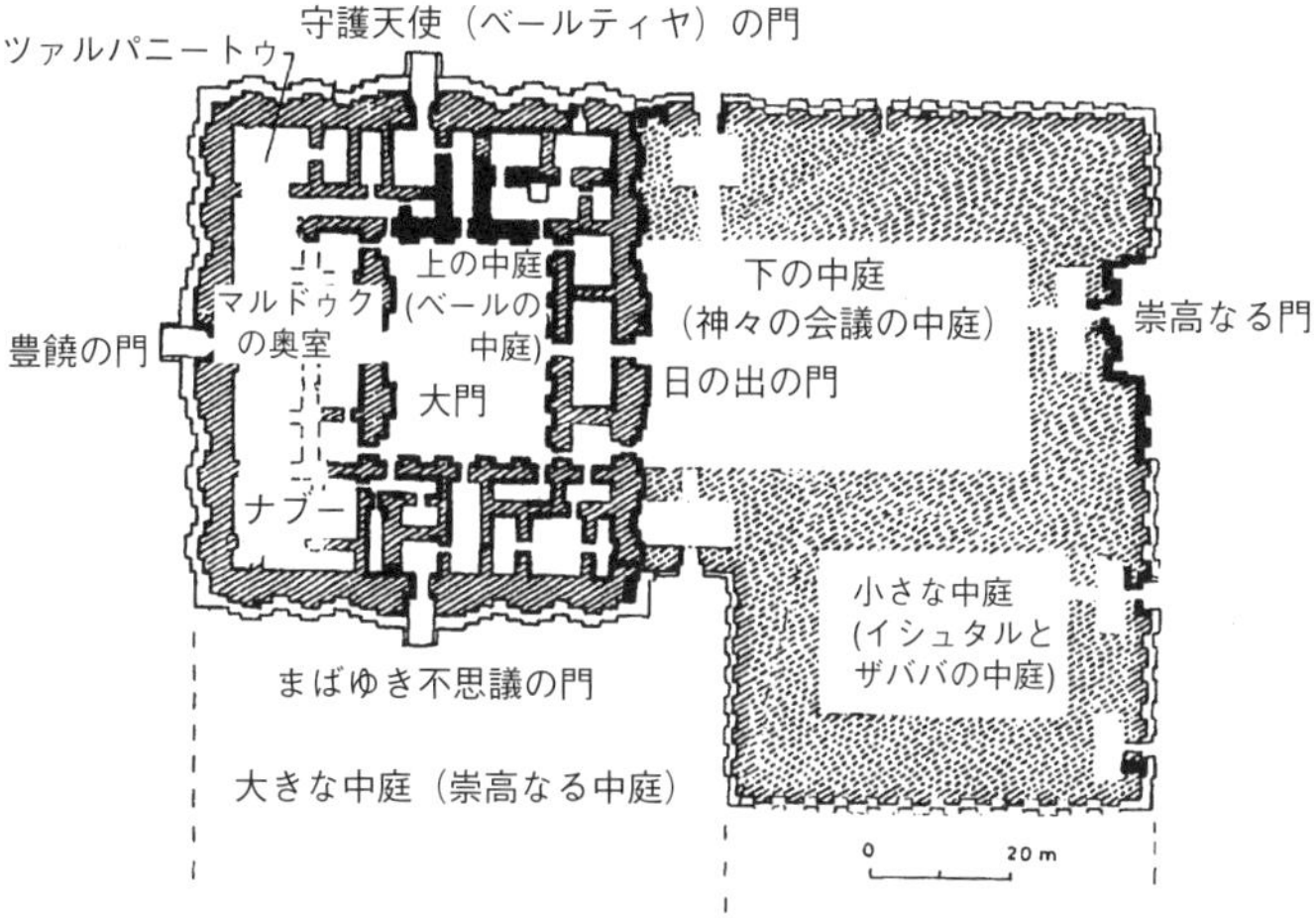

図13　エサギラの想像図
（*WVDOG* 59, 図3 および ジョージ, 1995年, 図1 による復元）

万神殿《パンテオン》の大神だけが祀られた。アヌ、エンリル、エア、そしてバビロンの神々の一族である。

　下方神殿エサギラはこれよりも広く、古い万神殿《パンテオン》と「当代」の万神殿《パンテオン》を合わせたあらゆる神々のための聖堂と聖壇が置かれていた。そこには偉大な神々、群小の神々、失権した神々、さらには原初の昔にマルドゥクによって打ち破られた太古の怪物、および鬼神が含まれる。マルドゥクはあらゆる臣民、すなわち宇宙のあらゆる勢力を掌握していたものと考えられる。神殿がこれほど大規模に造られたのは、ここで大きな祭礼を執り行なう必要があったためでもある。その筆頭が春の新年祭である。これはバビロンの神話上の神秘的な建設、つまりマルドゥクによる権力の掌握を祝い、バビロンの神と王の絶対的な権力を確認する祭礼だった。

　エリドゥ地区にはほかに一二の神殿があった。そのうちエアの神殿――ユーフラテス川の岸辺にあり、庭園を通じてエサギラにつながっていた――、マダヌ（裁きの神で、マルドゥクの従者）の神殿、グラの神殿、「バビロンの婦人」（イシュタル）の神殿は、マルドゥクに関わる複合宗教建築施設の一部をなす。これらの神殿の門を列挙した文献によれば、神殿は相互に隣接していた。エサギラに住まわる神々は、マルドゥクの財産を正しく管理し、彼を安らかにさせるために、つまり彼が人間に対して気分よくいられるために必要な威信や奉仕を担っていた。大神たちはマルドゥクが宇宙を治めるのを助けていた。エサギラに見るバビロンの大神の宮廷は、王宮に見るバビロンの王の宮廷に似ていた。宇宙のあらゆる活力がマルドゥクに仕えるために集められていた。

エサギラは、ほぼ正方形（八五・五〇×七九・三〇メートル）で伝統的な造りの本殿、中央の中庭（三七・六〇×三二・三〇メートル）――「上の中庭」ないし「ベール（マルドゥク）の中庭」――からなっており、中庭の周囲には部屋と回廊、付随的な中庭が並び、個々の神々の個室を形づくっていた。四辺のそれぞれには豪壮な門が置かれ、東と東南の大きな中庭を中心とした大規模な付属建築物が備わっていた。本殿の南にも、第三の中庭があったのではないかと思われる。

コルデヴァイは本殿の東翼の一部を発掘したが、西翼については調べることしかできなかった。彼は間違いなく西翼にあったはずのマルドゥクの奥室を、表玄関に向かい合った控えの間とともに復元した。神殿のこの部分について書かれたくだりがアッシリアの度量衡文書（VAT九九六一＋一〇三三五）のなかにあり、二つの控えの間と奥室は南北の長さが約一八・五〇メートル、東西の幅がそれぞれ六メートル、五メートル、五・五〇メートルと記されている。考古学者による測量も、これらの値を部分的に裏づける。この配置はボルシッパのナブー神殿のような他のバビロニアの大神殿を想起させる。しかし、エサギラは大神殿中の大神殿である。トンネルをくり抜いた発掘調査の結果、マルドゥクの個室の南北に対称に配置された小さな中庭の存在が明らかになった。ツァルパニートゥの個室は夫マルドゥクの個室の北側、この女神の異称であるベールティヤの門のそばにあったと考えられる。マルドゥクの息子ナブーの個室は、この神が新年に父親の表敬に訪れるボルシッパの方角に当たる南側に置かれていた。

「付属」建築物は広大な中庭とそれを囲む祭儀用、あるいは実用の空間からなっていた。ドイツ調査隊が「控えの中庭」と名づけた中庭は、バビロニア人の言う「下の中庭」に一致すると考えられる。これは本殿を東に延長した部分にあり、神々の「会議の中庭」として多くの文献に引かれた中庭に一致すると見て間違いなく、祭儀上重要な役割を担っていた。『エサギラの書板』には神殿の二つの中庭についての記述がある。「イシュタルとザババの中庭」ないし「小さな中庭」は、九五×四一メートルとされており、東南部にあることを調査隊が突き止めた中庭を指すものだろう。一〇三×八一メートルとされる「大きな中庭」ないし「崇高なる中庭」は、本殿の南側に連なる閉じた空間であったと思われるが、発掘調査では突き止められていない。エサギラ複合建築施設中の複数の神殿、さらには『ティンティル』のリストでエリドゥ地区にあるとされる神殿群は、この広大な中庭に接していたのかもしれない。そう考えれば、これらの建築物に連絡用の門が設けられていたのも納得がいく。

これらの門は、字義通りの意味においても比喩的な意味においても通路として、儀礼的な巡行の一環をなしていた。平定された原初の怪物をかたどった青銅と銀の像が一対ずつ神殿と町のあらゆる門を飾り、マルドゥクとナブーの台座となるムシュフッシュ龍が、魚人間や野牛、スフィンクス、蠍人間といった怪獣を従えていた。

内部の設備――神々の個室はネブカドネツァル二世によって飾られた。マルドゥクの奥室の金張りの天井と壁には、バビロンの神の戦勝記念品となった怪物の姿があった。マルドゥクが打ち負かした太古の勢力はエサギラの至るところに描かれていた。組織された世界の運命を決し、マルドゥクの至高の君主権を確立したこの物語がいかに重視されていたかがわかる。人間界に重ねあわせれば、蛮族や遊牧民、山岳民族に対して文明、すなわちバビロニア帝国の優位が確立されたということだ。

これらの個室には、「エサギラの扶養者」としての王あるいは信徒が毎日四度の食事や特別な食事を神に捧げるための食卓が置かれていた。新年の祭儀文書にマルドゥクの奥室の金製品についての記述がある。香炉を据える卓が一台、供物を入れる金製の器が四つである。新年には、これらの調度品は来訪したナブーに貸し渡された。ツァルパニートゥの奥室には配偶神の寝台が置かれていた。アッシリアのアッシュルバニパルは前六五三年に、センナケリブが奪い去ったエサギラの調度品を修復して戻した。この王はマルドゥクとツァルパニートゥの寝台について次のように記している（K二四一一）。「寝台の縦側には一二枚の金の板、横側には六枚の金の板（が敷きつめられている）。［寝台の頭の部分は］ムシュフッシュ龍、下の敷布は金であり、パッパルディルー石（縞瑪瑙か）［に飾られている?］。寝台の周囲には黒曜石と紅玉髄、ラピスラズリでできた林檎の形の装飾が取りつけられている。下の敷布の上には水を表わす金の飾り（波形の模様）が付いている。脚はラマッス（水のほとばしる壺を掲げた精霊）である」。アッシュルバニパルは同様の模様の付いた神の玉座についても述べている。これはエサギラの他の財物とともに略奪されたが、発掘調査のおかげで複製によって知られるようになった。「ベールの中庭」の東北の角、エンリルの息子であるニヌルタ神を祀った聖堂に置かれた焼成煉瓦製の聖壇の中央部に、表面に塗られたアスファルトの上に刻印される形で、玉座の輪郭が記されていたのである（図14）。背板の部分の装飾——精霊、魚、龍——は木と象牙の寄せ細工になっていた。玉座そのものは高さ五〇センチメートル、石でできた脚の上部では、水のほとばしる甕を抱えた女神が縦板を支えていた。

マルドゥクの聖像は、エサギラの祭礼手引書（CT四六：五〇）によると銘木（メース）で作られていたと考えられる。その外観はラピスラズリ製の円筒印章（ベルリン博物館蔵）から復元することができる。この円筒印章は、パルティア時代の家屋の地下に埋もれていた神殿と多層塔《ジックラト》のあいだで一九〇〇年に部分的に発見されたエサギラの宝物のなかに含まれていた。高さは一九センチメートル、損傷が激しい。

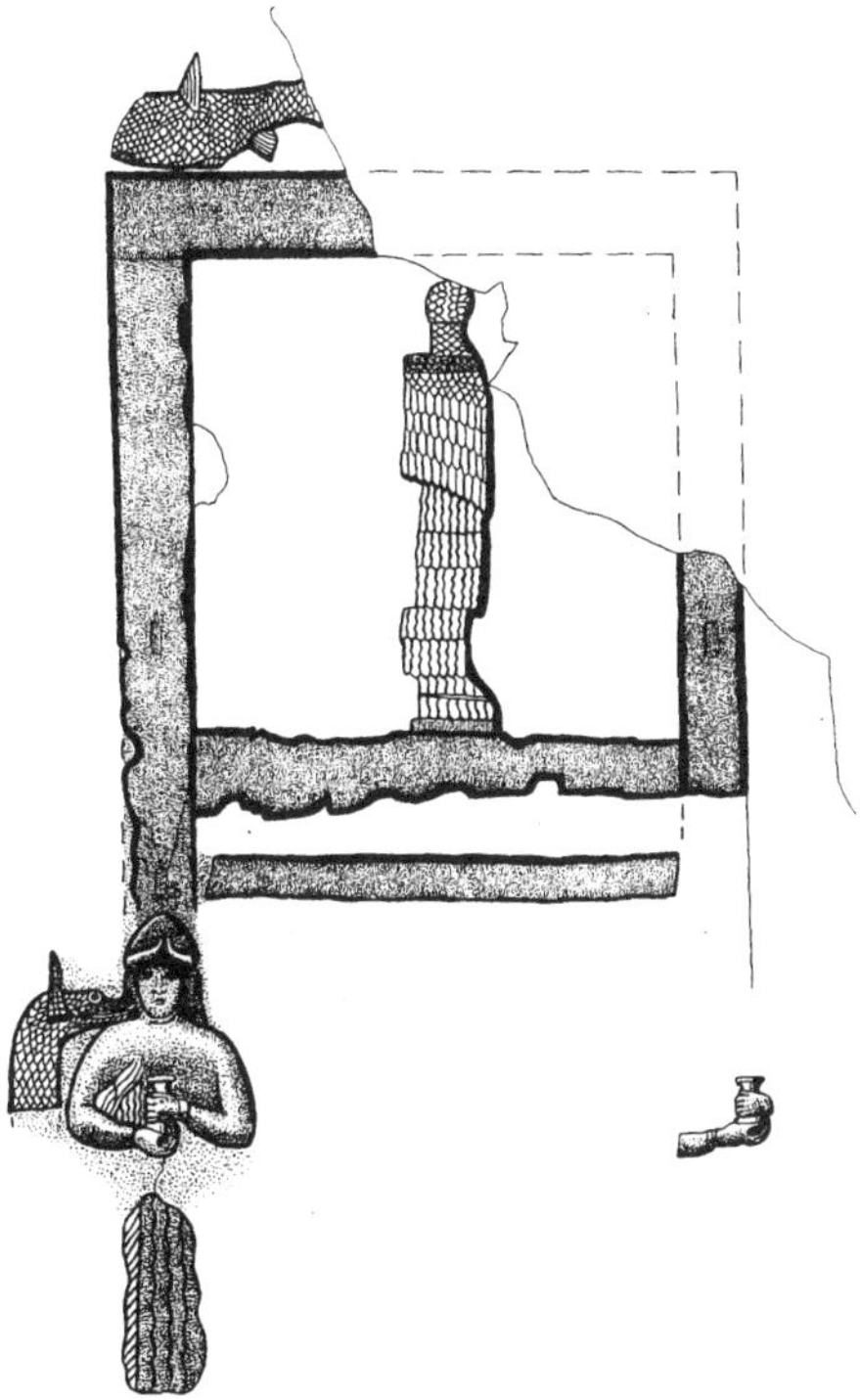

図14　マルドゥクの玉座の復元図
アンドレ，*WVDOG* 62，図36 による

前九世紀末にバビロンの王マルドゥク・ザキル・シュミ一世によって「エサギラにいましますマルドゥクに……その神々しい首を飾るために、この紅い金を嵌め込んだ輝くラピスラズリの印章」が捧げられた。像が大きなものであったことがわかる。平定した太古の勢力を象徴するムシュフッシュ龍を従えたマルドゥクの像は、実に華やかに飾られていた。袖には天のシンボルが刺繡され、前身頃には円環状の動物や植物の模様の付いた長衣をまとっている。手には大神たちのシンボルである杓杖と輪を持つ。湾曲した武具は、原初の海ティアマトの怪物の軍勢を打ち倒した際に用いたもので、ティアマトは波の形で足元に表象されている。

儀礼的な巡行と新年祭——神殿の祭儀地勢図は文献資料から部分的に復元することができる。バビロニアの一年にはいくつもの祭があった。最大の祭である新年祭アキトゥは、年の初めのニサンヌ月（春にあたる）の一日から十二日にかけて繰り広げられた。バビロニアの一年は十二か月からなる太陰暦であり、太陽の周期に追随するために周期的に第十三の閏月が加えられた。アキトゥの起源は前三千年紀なかばに遡る。新年祭のための神殿は複数の都市に見られ、国内各地の大神殿はさらに各々の主神の祭を営んだ。首都バビロンではアキトゥはマルドゥク神の祭であり、最初の収穫の先触れとなる冬の雨によって自然が再生した折に、祈禱と浄めの儀式と祭儀によって天地創造とバビロンの神秘的な発祥を祝うものだった。国のあらゆる大神が聖像の姿でマルドゥクを表敬に訪れ、エサギラのそれぞれの聖座に鎮座した。ナブーはボルシッパから舟で来訪し、祭の第六日に恭しく迎えられた。

第四日の夜には大祭司が『創成神話』(『エヌマ・エリシュ』)を朗詠した。大神アヌとエンリルの角冠を載せた玉座なる祭壇——マルドゥクの奥室とツァルパニートゥの奥室に置かれた——は、マルドゥクに敬意を表して、またおそらくは世界の古い主人たちの機嫌を損ねないように、覆いを掛けられた。祭の期間中には神話の物語のいくつかが行列の道筋のさまざまな聖所で上演された。怪物とのマルドゥクの戦いは、バビロンの権勢の後ろ盾となる彼の卓越性を改めて確認するために毎年演じられたに違いない。

王は新年の祭礼に積極的に関与した。王のあらゆる国事行為はマルドゥクの恩寵により、その名のもとに執り行なわれていたからである。ネブカドネツァル二世は繰り返し述べている。「……余はマルドゥクの車の梶を取るために首を傾けた。余は神殿を整えた」。王が政治危機や軍事遠征のためにバビロンにいられない場合には祭は開かれなかった。ニサンヌ月の四日か五日には、行列道路沿いの王宮群とマルドゥクに関わる複合建築施設のあいだにあるカ・ディンギラ地区のナブー・シャ・ハレー神殿で、王位更新の祭礼が営まれた。『ティンティル』および神殿で発見された奉納書板の奥付によれば、ここは「その名に従って王権のための笏と「国の?」玉座を与える家」であった。統治の正統性はここで承認された。

この儀式にはシュメール時代の記憶がとどめられている。古代の聖都ニップルで、エンリルの息子ニヌルタの神殿に王権のシンボルが保管されていたのに対し、バビロンでは、ナブーが宇宙の主人エンリルの継承者たるマルドゥクの息子となっている。ニサンヌ月の五日の夜に、王は神殿全体を司る大祭司の祝福を受けたのち、神殿のなかに進んだ。大祭司は彼から君主のシンボルである笏、環、武具、王冠を剝ぎ取った。王は辱められ、平手打ちを食わされる。これは王が涙を流すまで続けられる。前の年に犯した過ちを「心から」悔い改めない限り、マルドゥクの怒りを鎮め、バビロンと王国の運命をよきものとすることはできない。神々は王の振る舞いをもって予兆とするからである。

公式の一年は「(王が) ベール (マルドゥク) の手をとり、ベールの息子 (ナブー) に先導されて行列に赴く」第八日に始まったと考えられる。王と国の向こう一年の運命はこの日に定まる。マルドゥク神と供の一行は町の祭儀上の要所で休息をとる。マルドゥクは場所ごとに名を替えた。最も重要な場所は「会議の中庭」にある「運命の聖壇」(「清らかな/聖なる山」を意味するドゥクと呼ばれる) である。マルドゥクは行列の行き帰りにここに鎮座する。運命決定の儀礼は『エヌマ・エリシュ』では神話的に語られる (六:七〇以下)。

「主 (ベール=マルドゥク) は住まいとして創りたまいし大いなる神殿 (エサギラ) におかれ、その宴に神々

を招いた（そして彼らに述べた）

『これがバビロン、あなたがたの座であり居所である……』

神々がそれぞれに天地の持ち場を分配すると、

五〇柱の大いなる神々が席に着き、

七柱の運命の神々が決定を下した」

現実界に写せば、宴が催され、占いが執り行なわれたということになる。運命を告げるのはメソポタミアの万神殿《パンテオン》のなかでも重要な神々、すなわちマルドゥク、アヌ、エンリル、エア、シャマシュ、ニヌルタ、ナブーである。エサギラにある彼らの聖堂の名前はそれぞれ宇宙の異なる階層の力と結びつけられていた。ネブカドネツァル二世は運命の聖壇を修復し、その祭儀上の役割と神学的な意義について次のように述べている。「『運命が告げられる清らかな山』、会議の中庭にある運命の玉座なる聖壇、ここに年初めの新年祭のあいだ、八日目から十一日目に『全天地の王』（マルドゥク）、神々の君主がいましまし、天上と下界の神々が敬意をこめて跪き、永遠の運命をわが定めとして告げるために、その御前に並ばれる。――この玉座なる聖壇、王権の玉座なる聖壇、神々のうちで最も賢明なるマルドゥクの君のエンリル権の玉座なる聖壇を、余は金をもって覆った」(Nab.15 ii, 54 - iii, 3)。大神たちは跪いて、エンリル権を授けられたマルドゥクを王として承認する。ついでマルドゥクの前に立ち、地上の主人たるバビロンの王に対して、人間の運命を告げるのである。

この祭礼に続けて行列は神殿を出て、**マルドゥク行列道路**に進む。この道路の名は「バビロン通り」、公式には「傲れる者は通るべからず」といい、ジックラトの周壁と南の王宮に沿って一キロメートルほど続き、ついでイシュタル門をくぐり、町の北側の前方城壁のあいだを縫っていく。道幅は二〇メートル以上に及ぶ。瀝青で固められた焼成煉瓦製の床には、ネブカドネツァルによって白い正方形の石灰岩タイルが敷きつめられた。両側には高さ一五センチメートルの舗道が設けられ、赤い角礫が敷かれた。この石は王の西方遠征の際に「山から持ち帰られた」ものである。イシュタル門の外に続く第一区間(約二〇〇メートル)の壁の下方は、施釉煉瓦でできた歩行姿勢のライオンの絵様帯《フリーズ》で飾られ、平行する二列のライオンが市外に向けて行進していた。白い毛で黄色のたてがみのものと、黄色の毛でたてがみが当初の赤から緑に変色したものが混ざったライオンは、円花飾り《ロゼット》と黒、白、黄色の幾何学模様の絵様帯《フリーズ》で飾られた青い地の部分から浮き上がっていた。ライオンは、敵の攻撃を最も受けやすいバビロンのこの方角を守るイシュタル女神のシンボルだった。

行列は川まで進むと、舟に乗って、町の北方地帯にある新年祭用の神殿に向かう。第十一日に、妻との聖なる婚儀を祝ったマルドゥク神と供の一行はバビロンへ戻る。マルドゥクは再び運命の聖壇に鎮座し、宇宙の王たることを宣言する。その翌日、神像は再びそれぞれの町に向かう。

バビロンは毎年その建設、すなわち宇宙のあらゆる力を手にした神が最高権の座に昇り、栄光に輝いたことを祝う。マルドゥクによって選ばれ、バビロンの地上の権勢を保証し象徴するバビロンの王の役割もまた、新年の儀式への参加を通じて、マルドゥクとともに揺るぎないものとなる。

多層塔たるエテメンアンキ——ジックラトゥという語は、前三千年紀末以降の古代メソポタミアの大都市にそそり立っていた多層塔を指す。これらは各都市において地形的にも宗教的にも最も目立つ場所に置かれ、南部の低地平原では何よりも都市とその神の力を示すものであった。多層塔はたくさんの平らな煉瓦で築かれており、複数のテラスがひとつずつ引っ込んでいく形で重ねられていた。頂上部には都市の主神を祀る神殿が造られ、そこに他の大神たちも迎えられた。

前二千年紀のジックラトと考古学資料——バビロンの多層塔《ジックラト》に関する最古の史料はハンムラビの時代のものだろう。「法典」の跋文（R. 二四：六七‐六九）のなかに、バビロンは「アヌ（ム）とエンリルがその頂を高くした都市、天地のごとく揺ぐことのない土台を持った神殿エサギラで」と書かれている。「高き（頭）頂の家」を意味するエサギラの名は、バビロンの抬頭に結びつけられたマルドゥクの抬頭に由来するが、それに続く形容はマルドゥク神殿のもう一つの巨大建築物、すなわち「天と地の礎の家」たるエテメンアンキのジックラトを指すものと思われる。

一九一三年と一九六二年に行なわれたドイツ調査隊の発掘作業によって、ジックラトの三つの建築層が出土した。うち最初の二つの建築層は前十八世紀のハンムラビの時代に遡ると考えられる。泥煉瓦でできた一辺六一メートルの正方形の中核部分は、ジックラトの最古の遺構である。中核部分の自然傾斜を計算したH・シュミットは、塔の高さを少なくとも五〇メートルと見積もった。塔の周囲は、木製の水平材《トラヴェ》で補強し中核部分に堅結された泥煉瓦の層に覆われていた。ジックラトの土台のこの第二部分は、一辺七三・五〇メートルの正方形になっていた。後代おそらくネブカドネツァル一世の時代に、日乾煉瓦の表張りが剝がされ、瀝青で固められた焼成煉瓦製の厚さ一五メートル弱の被覆に替えられた結果、一辺九〇メートルの大きさに達している。南側のファサードには三列の階段が取りつけられ、T字型の突出部をなしていた。中央階段には長さ五二メートル弱、幅九・三五メートルの外スロープが付いており、八・三〇メートル幅の側面階段がファサードに隣接する形で両脇に設置されていた。段の傾斜からすると、側面スロープは三三・五〇メートルの高さに及び、これがジックラトの第一層の高さと考えられる。主階段——保存状態が悪いために傾斜の計算は困難——は約五〇メートルの高さで第二層に架かっていた。塔のさまざまな復元では、特に階段の終点に関して異論があり、頂上部にまで達していたとするものもある。この問題は史料からも解けていない。遺跡層はいずれもネブカドネツァル二世時代よりも古いが、塔の基本構造に変化はない。

新バビロニアのジックラトと文献資料——『創成神話』と『ティンティル』

にバビロンの多層塔《ジックラト》に関する記述があるのに対し、前七世紀よりも古い時代の定礎碑文はまったく見つかっていない。センナケリブによる徹底的な破壊と、その後も近代まで続いた略奪の結果、ジックラトの煉瓦は散逸してしまった。新バビロニア時代のものは以前のジックラトの遺構を支えとして用いていた。エサルハドンは次のように明言する。「余はエテメンアンキのジックラトをかつての場所に長さ九〇メートル、幅九〇メートルの規模をもって再建させた」。ネブカドネツァル二世の碑文にも、塔の土台の規模は以前のものと同じ高さ（約三〇メートル）だったと記されている。平面図と立面図についても同様に伝統が踏襲されていたと思われる。前一千年紀のジックラトの規模は『エサギラの書板』によって確認される。この書板の記述によれば、第一層の高さは三三メートル、土台部分は一辺九〇メートルの正方形、塔は七層で九〇メートルの高さがあった。塔はしたがって、新バビロニア時代の粘土板の図面（BM三八二一七）中の「理想的」

なジックラトの立面図に示される黄金律に則って、立方体に嵌め込まれるような具合に建てられていた。第二層は高さ一八メートル、以下第六層まで各六メートル、第六のテラスが広さ二五×二四メートル、高さ一五メートルの頂上神殿を支えた。神殿の中央部には屋根付きの中庭があり、計六つの奥室が東側(マルドゥクの奥室、ナブーの奥室、ナブーの妻タシュメートゥの奥室)、北側(エアの奥室、火の神ヌスクの奥室)、南側(アヌとエンリルが合祀された奥室)に配されていた。西側には、マルドゥクの寝所がその奥室の対面に並び、エサギラの下方神殿にあるツァルパニートゥの個室のものと同様の寝台が置かれていた。この西側の部屋は、神殿の上層部に至る階段へ続いていた。

ネブカドネツァル二世はナボポラッサルが始めたジックラトの大規模な復興事業を継続し、土台を二倍の高さで築くとともに、他の部分を建立した。「バビロンのジックラトたるエテメンアンキは、エアとマルドゥクの祓魔儀礼と知恵のおかげをもって余を生みし父たるバビロンの王ナボポラッサルが敷地を浄め、下界の心臓部に礎を置いたものである。彼は瀝青と焼成煉瓦でできた四つの外壁を腕尺三〇(約一五メートル)の高さとしたが、頂の完成を見ることはなかった。そこで余はエテメンアンキを、頂が天と競うほど高くすることに力を注いだ。余にシャマシュを介して命を伝えしわが主マルドゥクが委ねられし多くの民ども……わが主マルドゥクに仕え、わが手に委ねられし……遠くの山々と最果ての島々の王どもを……余はシャマシュとマルドゥクにエテメンアンキ建立のための人足として捧げた。……この神々のもとに……籠と煉瓦を運ばせた。土台を腕尺三〇の高さに築き上げた」。王は続けて頂上神殿の建立を語る。中間の層については述べていない。ジックラトを下界と結ぶ土台や、神々の住まいを擁して天上と結ぶ上層にくらべ、象徴的な重要性に乏しいうえに、建築法も下層と大差ないからだ。「太い杉の梁を……余は銅で張った。清き上の神殿、聖なる堂を、かつてと同様に、わが主マルドゥクのため最上階に巧みに築いた」。さらにジックラトと王国の永続を願う祈禱文が続く。「おお、わが主マルドゥク、神々のうちで最も力ある最も強き神よ、あなたの命により神々の町が建てられ、その城壁が修復され、神殿が完成を見ることになりました。あなたの力強き命によって……わが手のなした仕事が永遠に残らんことを。……エテメンアンキが永遠に建てられたごとく、わが王権の玉座を終わりなき日々に向けて打ち立てたまえ！」 神々の町という表現は、そこにあらゆる神々の力を集めたマルドゥクの神殿があることを示唆している。この表現は「神（神々）の門」というバビロンの名前そのものの引用でもある。ネブカドネツァル二世の碑文は、ジックラトを神格として祀るとともに、その頂上神殿で催され、王が参加する祭儀を示唆する言葉で締めくくられる。「おお、エテメンアンキよ、私に向け、あなたを築いた王たるネブカドネツァルに向け、祝福を与えたまえ。マルドゥクの命により、喜びをもって、私

があなたの建立に取りかかるとき、おお神殿よ、マルドゥクにわが敬神の業を伝えたまえ」（Nab.17 i, 44‐iv）

ネブカドネツァルはマルドゥクの高き住処に青い施釉煉瓦を張った。「……バビロンのジックラトたるエテメンアンキを瀝青と混ざりけのないラピスラズリの煉瓦でもって、余は陽の光のごとく輝かしめた。天井には力強い杉の梁を渡した」（Nab. 49）。神殿の頂上部には、太古よりメソポタミアの大神殿で踏襲されてきたように、黄金色に輝く銅製の角が据えられた。これは神の力と権勢を表わしている。

天文台か？――エサギラの主要な祭儀はジックラトの頂上神殿で繰り返し催されたと考えられる。そこで行なわれた聖なる婚儀すなわち聖婚の祭儀についての文献資料が残っている。これについてはヘロドトスも言及しており、上方神殿の別格の一室に巨大な寝台があったことからも確認されよう。一部の日常的な儀式は周壁の見晴台で営まれたものと思われる。

バビロニア時代にはジックラトが天文台としても用いられていた可能性があるが、それが主要な機能だったというわけではない。天文学が重視されたのは、あくまで建造物を天に近づけるという実用性からである。大行事や国事決定の際には必ず神託伺いや星占いが営まれた。王の日常生活に関しても同様であった。王の平安こそが国全体の平安を保証するものだったからである。新年には占い師が手引書と予兆集をもとに、きたる一年の出来事を占った。予兆は自然界で観察されたあらゆる現象から導かれ、なかでもジックラトの頂上で観察される天体と惑星の位置が重視された。『エサギラの書板』に記された頂上神殿の上階部分にはこのような役割があったのかもしれない。神殿の中央の中庭には屋根が付いていたという。この屋根は、マルドゥクの寝所の後方に設けられた階段から続く「天文台」の床となっていたと考えられる。

世界の宇宙的な中心（図15）——ジックラトの建立にあたり、王は礎を地下水層に深く沈め、頂上部を山のように高く築いた。メソポタミアの宗教の根本には、宇宙の全界との関係という観念がある。ジックラトは天上と下界の結び目であり、その礎は高さに見合った深さに置く必要があった。ジックラトは「階段をなして聳える山」であり、その頂上神殿は天を突いた。四つのシュメール文字からなるバビロンの多層塔《ジックラト》の名「エ・テメン・アン・キ」は宇宙の象徴にほかならない。

——「エ」は家ないし神殿を意味する。「テメン」は基壇、すなわち土台であり、建造物の安定はここにかかってくる。かくしてジックラトは世界の安定を打ち立てる。

——「アン」は天であり、古代シュメール神学では同じアン（アヌ）の名を持つ神の領分である。前一千年紀のバビロニア人の考え方によれば、太古の勢力を打ち破ったマルドゥクは、アヌの力とあらゆる大神の力を吸い取って「干し魚のごとく二つに切り裂いた」原初の海ティアマトの屍の半分をもって天蓋とした（『エヌマ・エリシュ』四：一三七）。もう半分は宇宙の底となった。天には三つの層がある。「上の天はルルダニトゥ（多色の石）からなるアヌの天である。……中の天はハシュマヌ石（青緑色の貴石）からなるイギギ諸神（天空の大神たち）の天であり、主マルドゥクがラピスラズリの奥室のいと高き聖壇に居所を置き、これをエルメスフ水晶のごとく輝かしめる。下の天はアシュプ石（青玉髄）からなる星々の天である……」。下の天はわれわれが知覚する青い天であり、夜に星がきらめく天である。中の天は天の中心部であり、マルドゥクの上方神殿として語られる。この神殿は、銅の扉や日光を反射する角のまばゆさから陽光すなわち太陽と同一視され、煉瓦の青色から天と同一視される。

――「キ」は地表とその下にあるもの、すなわち「下界」を指す。地球は平らな円盤であり、「中の地」たるアプスーの上に漂う「人の地」と呼ばれる。その下方には「下の地」たる黄泉の世界がある。堅い大地の中央にはバビロンの町がそそり立ち、その中心部にはマルドゥク神殿が、原初の「聖なる山」ドゥクのごとく天に向けて町の上に聳えている。前七世紀頃に描かれた世界地図（WA九二六八七）では海に囲まれた既知の世界の中央にバビロンがあり、文明世界の果てにある神話上の地域は三角形で表わされている。

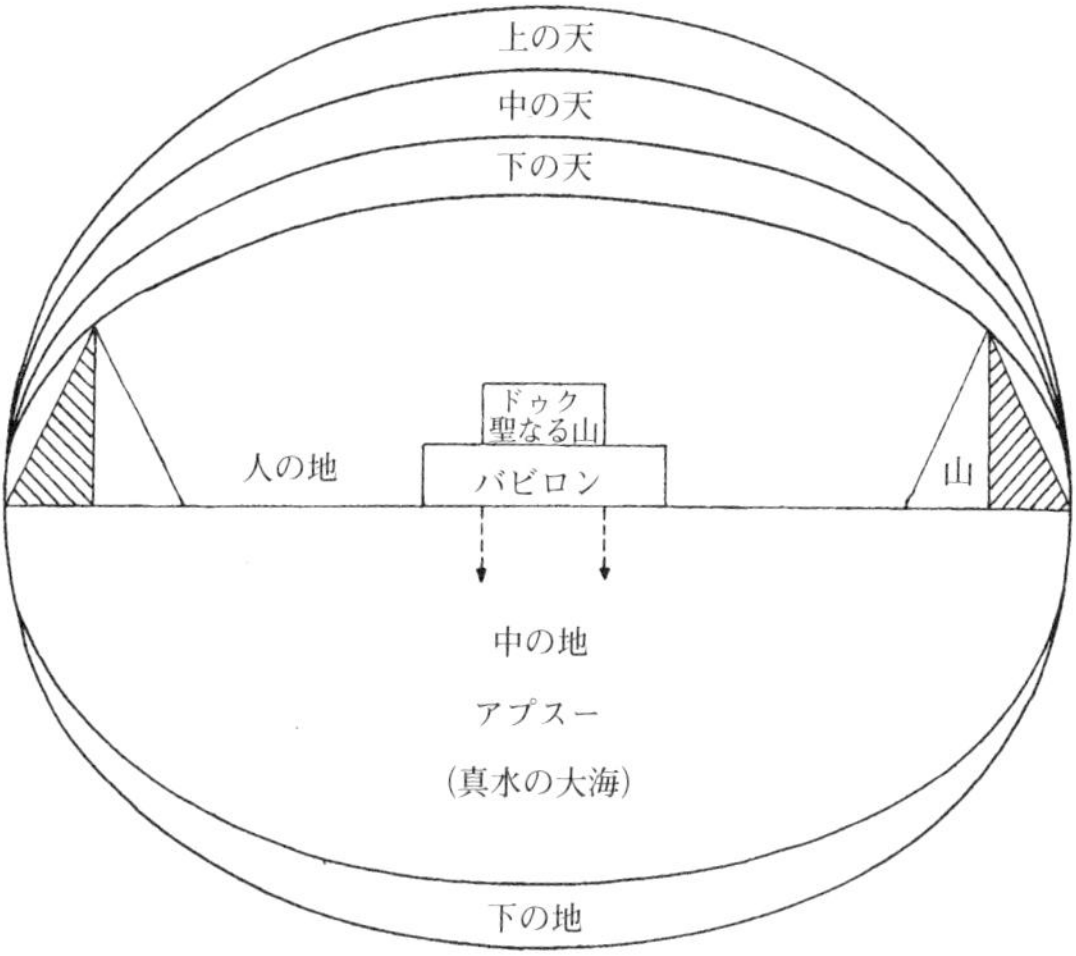

図15　前一千年紀のバビロニア人が考えた宇宙
(ポングラツ=ライシュテン, *BaF*16号, 1994年. 図5 による復元)

バビロンにあるマルドゥクの上方神殿エテメンアンキと下方神殿エサギラは、バビロンと宇宙の二つの極をなす。両者は規模は異なるにせよ、少なくとも象徴性という点では相通じている。二つの神殿はかつてエリドゥにあったエア神殿アプスー、ニップルにあったエンリル神殿エシャラの複製として、その力にあやかるよう、同じ型に従って建立された（『エヌマ・エリシュ』四：一四三－一四六）。

「主（マルドゥク）はアプスー（エサギラ）の大きさを測り、
これをなぞって大神殿エシャラ（エテメンアンキ）を建てた。
主が建てし大神殿エシャラ、これぞ天なり」

神殿とさまざまな宇宙の界は、このようにジックラトに表象される壮大な階梯によって結びつけられていた。それらの結び目がジックラトであった。エサギラとエテメンアンキを結びつけるように地面に張りだす形で設けられた巨大な中央階段が、こうした宇宙的な象徴表現に寄与していたことは間違いない。マルドゥク神殿を擁するバビロンは宇宙の中心、宇宙の平衡点であり、「天と地（下界）を結ぶ」（『ティンティル』一：二三）ものであった。

マルドゥク神殿の不遇――多層塔《ジックラト》に発する伝説は聖書や古典を通じて近代に至るまで広がった。バビロンの物語は『創世記』（一一）の章句の下敷きになった。バベルの塔の伝説を生みだすことになる一節には、天にも達する塔という途方もない計画が、バビロンの傲慢の象徴として描かれている。この物語には新アッシリア時代の事件や思想が示されていたと考えられるが、バベルの塔はその後の伝承によってバビロンのジックラトに結びつけられていく。塔の高さ、壮麗さ、そして傲慢な名は、バビロンの敵のうちに妬みや呪いを生み、ジックラトの伝説を広めるにふさわしいものだった。

ヘロドトス（I：一八一―一八三）はクセルクセスによって損傷を受ける前のマルドゥク神殿の姿を伝えている。エサギラでは当時も祭儀が営まれていたが、多層塔《ジックラト》に関する彼の記述は、この見事な巨大建築物についての伝聞に基づくものだろう。その壮麗な姿は、当時もなおバビロニア人の記憶のなかに生き続けていた。ヘロドトスによれば、塔は八層からなり、螺旋形のスロープが付いていた。頂上神殿が二階構造になっていたために、もうひとつ層があると思ったのだろう。もっと古い物語によって、バビロン以外の別の塔の記憶と混同したのかもしれない。アッシリアのホルサバードのジックラトには螺旋形のスロープが付いていた。

バビロンのジックラトを天文観測の場とする解釈は、古典を介して西洋に伝わった。シチリアのディオドロス（Ⅱ：九）は言う。「建物は時を経て廃墟と化していたため、かつての姿を正確に述べるのは不可能である。とはいえ、それが非常に高いものであって、カルデア人がそこで星々の観察を行なっていたことについては意見が一致する。あらゆる建物は大きく、壮麗に、瀝青と煉瓦でもって築かれていた」

ギリシアの物語は聖書の二つの主題と混じりあっていく。聖書は天に届くほどの高さに築かれたことを不遜の印として、意思の疎通ができなくなったことを混乱の印として描いた。『創世記』の文章とヘロドトスの文章は西洋の芸術家の創作意欲を掻きたてた。バベルの名は近代では、巨大性と多様性を喚起する象徴的な語として用いられた。

第四章　バビロニア文明の終焉

バビロン落城とペルシア支配——ナボニドスの息子ベルシャザルは、ペルシア帝国の創始者キュロス大王によって王位を継ぐ機会を奪われた。キュロスは前五三九年にバビロンを攻め落とし、新バビロニア帝国を滅ぼした。帝国の首都、世界の知的な中核としてのバビロンの優位は終わった。町の陥落の様子は『キュロスの円筒』（大英博物館蔵）に記されている。「戦闘も会戦もなかった。マルドゥクがその町バビロンに彼を入城させたもうた。バビロンを圧政から救いたまい、マルドゥクを崇めぬ王ナボニドスを彼の手に渡したもうた」。キュロスは解放者として迎えられた。万能の神殿たるエサギラの祭司団がナボニドスの不信心を理由に、彼の入城を手引きしたのだろう。ギリシアの文献（ヘロドトスⅠ：一八八―一九一およびクセノポン『キュロスの教育』Ⅶ：五）や聖書史料に書き留められているバビロン陥落の物語も、楔形文字の文献と一致する。

バビロニアはペルシア帝国の属州となった。ダレイオスは息子クセルクセスを総督に据え、新たな王宮を造営した。浮き彫りと施釉煉瓦を用いたイラン式の列柱の間によって、ネブカドネツァルの王宮は西側に延長された。前四八二年にバビロニア人の反乱が起きると、城壁とマルドゥク神殿、そしてネブカドネツァル二世のジックラトは破壊された。バビロニア州はアッシリア州に併合された。ユーフラテス川の支流は移動させられたと思われ、堤防のない堀に流れ込むようになった。王宮とベール神殿は川の両岸に分かれているというヘロドトスの誤解の原因はこれだろう。

一つの象徴と楔形文字文化の終焉——前三三〇年にアレクサンドロス大王がバビロンに入城する。彼はマルドゥク神殿と多層塔《ジックラト》の再建を望んだが、完成を見ないまま前三二三年に王宮で死ぬ。遺骸は将兵の弔問のために玉座の間に安置された。エテメンアンキの破壊者は、これをネブカドネツァル二世時代以上に壮麗なものにすることを望んでいた。アレクサンドロスは再建の前に整地を行ない、町の東北部に煉瓦で人工丘を築いたが、事業の完成を見ずに死ぬ。ストラボン（XVI：一）は語る。「……当の堆積土でさえ、きれいに取り除くのに一万人を二か月働かせるだけの仕事になった。だから、大王は生前にその企てを完成させることができなかった。……それより後の人も誰ひとりこの事業に関心を持たなかった」(1)。パルティア人がのちに再建した大劇場はアレクサンドロス時代に建設されたものだろう。

(1)『ギリシア・ローマ世界地誌II』(飯尾都人訳、龍溪書舎、一九九四年)に準拠した〔訳註〕。

ギリシア人が興したセレウコス朝の時代の前三〇五年に、バビロンの北方、ティグリス川のほとりに新たな都市セレウキアが建設された。前二七五年頃にはアンティオコス一世がバビロニア人にセレウキアへの移住を命じた。その一方で、マルドゥク神殿を再建したため、祭司団および文芸や学問の中心はここにそのまま残り、楔形文字文化を保った。

前一三〇年頃にはパルティア人がバビロンに進出した。祭司団によって隠匿されたと思われるエサギラの遺宝の入った二つの籠が、細工師のものだった家屋から見つかっている。パルティア時代には「夏の王宮」やジックラトの境内など、新バビロニア時代の巨大建築物がいくつか再建されている。この時期のものとして早くに確認された出土品のなかにアラバスタ製の女性の小像がある。これらはアーチ天井のある地下室から見つかったもので、うち一体は目の部分にルビーが嵌め込まれている。

バビロンはメソポタミアの住民にとって、地方政府の座がティグリス川沿いのセレウキアに移された後も、世界の宇宙的中心であり続けた。後一世紀には大プリニウスが『博物誌』(VI:三〇)のなかで、バビロンの大神殿が瓦礫のあいだに残っていたと述べている。学者たる祭司たちが神殿を決定的に見捨てたのは、この少しあとの一世紀末のことである。

訳者あとがき

本書は、Béatrice André-Salvini, *Babylone* (Coll. « Que sais-je? » n°292, P.U.F., Paris, 2001) の全訳です。ただし図版については紙幅の関係で図1の周辺部分が省略されています。

文中の（ ）は著者による補足説明、［ ］は著者による引用文中への語の補足、〔 〕は訳者による補足説明を示しています（ただし「法典」の邦訳引用部分は別）。

「引用文」といっても本書の場合には論文の類はひとつも出てきません。随所に引用されているのは古代メソポタミアの「ナマ文書」であり、それが大きな特色になっています。バビロンを破壊したアッシリア王の雄叫び、当時の人々が頭痛を治すために唱えた呪文、城や砦の建設に血道をあげたネブカドネツァル二世の自画自賛、貴石からなる天界の構造の記述など、興味深いテキストが盛りだくさんです。

著者のベアトリス・アンドレ＝サルヴィニ氏（名前から想像されるように女性です）は、パリのルーヴル美術館で古代オリエント部門の主任学芸員を務め、本書のほかに単著*Le Code de Hammurabi*（Réunion des musées nationaux/Musée du Louvre, 2003）、共著*L'ABCdaire des écritures*（Flammarion/Bibliothèque nationale de France, 2000）などを執筆されています。前者はルーヴル美術館の「ハンムラビ法典展示室」が改装された時期に合わせて刊行されています。

古代メソポタミアの専門家としてシンポジウムやセミナーなどでも活躍、二〇〇三年三月十九日にはOpen Declaration on Cultural Heritage at Risk in Iraq（イラクで危険にさらされた文化遺産に関する公開声明）に署名されています。

と、いかにも知ったふうに書いておりますが、著者と訳者の間柄は、今回の翻訳にあたって質問状をしたため、お返事をいただいたという電子メールのやりとりがあったにとどまります。右に書いたことはウェブで集めた情報に基づきます。

古代オリエントの専門家ではない訳者が（それゆえ仏訳からの孫訳にならざるを得ない古文書の豊富な引用に内心は恐れおののきながらも）本書の全訳を形にすることができたのは、仏文を参照しながらの監修の労をとってくださった中央大学の中田一郎教授に大きく負っています。この場を借りて厚く御礼申し上げます。

文中の固有名詞は、訳稿推敲中の二〇〇四年十二月に刊行され、中田教授のご示唆でかじりついた日本オリエント学会編『古代オリエント事典』（岩波書店）に準拠しています。他に関連文献を挙げるなら、

——日本オリエント学会監修『メソポタミアの世界　古代オリエント史』日本放送協会学園、一九八八年
——石田友雄ほか執筆『古代文明の発展』（前嶋信次ほか編『オリエント史講座』第二巻）学生社、一九八五年
——三笠宮崇仁『文明のあけぼの　古代オリエントの世界』集英社、二〇〇二年
——アンドレ・パロ『聖書の考古学　続　ニネヴェとバビロン』波木居斉二訳、みすず書房、一九五九年
——ホルスト＝クレンゲル『古代バビロニアの歴史　ハンムラピ王とその社会』江上波夫／五味亨訳、山川出版社、一九八〇年
——ジャン・ボテロ『バビロンとバイブル　古代オリエントの歴史と宗教を語る』松島英子訳、法政大学出版局、二〇〇〇年
——ジャン・ボテロ『メソポタミア　文字・理性・神々』松島英子訳、法政大学出版局、一九九八年

——松島英子『メソポタミアの神像　偶像と神殿祭儀』角川書店、二〇〇一年
——『ハンムラビ「法典」』中田一郎訳、リトン、一九九九年
——『古代オリエント集』（『筑摩世界文学大系』第一巻）杉勇ほか訳、筑摩書房、一九七八年

ただし右のリストには訳者が参照したという以上の基準はなく、専門家の目から見ると欠けているものも多々あろうかと思います。『歴史学の現在　古代オリエント』（前田徹ほか著、山川出版社、二〇〇〇年）に、体系的で詳細な文献案内があります。

時事問題の翻訳を主に専門とする訳者が本書に大きな関心をもった理由は、イラクの現状にあります。爆発おさまらぬ火薬庫となっているティグリスとユーフラテスのほとりは、文明の揺籃の地であったわけで、シーア派の聖地として有名なカルバラーがバビロンのすぐそば、石油基地のある北部モースルがアッシリアの古都ニネヴェのすぐそばにあることは、地図の上でさえ衝撃的です。

本書の著者アンドレ＝サルヴィニ氏をはじめとする世界中の古代オリエント学者らが、米軍侵攻の直前に諸国政府に対し、武力紛争の際の文化財保護のための一九五四年のハーグ条約、およびイラクの古物法の尊重を求めたのも道理であり、彼らの懸念は残念ながら現実のものとなりました。

第一次大戦によって崩壊する前のオスマン・トルコから帝政ドイツの調査隊が持ち出したバビロンの

遺物も、今のイラクの人々にしてみれば不当に持ち去られた国民の財産に見えるに違いないという複雑な感慨を抱きながら、東京国立博物館で開かれていた「ベルリンの至宝展」でマルドゥク行列道路のライオン像を眺めてきました。一列縦隊になって二六〇〇年の昔の新年祭を守護していた群れの中の一頭です。彼は二〇〇五年の夏から秋にかけ、神戸に向かいます。

本書の刊行にあたっては、中田教授をご紹介くださった国際基督教大学の並木浩一教授、初稿を校閲してくれた『ル・モンド・ディプロマティーク』日本語版スタッフのジャヤラット好子さん、また白水社編集部の和久田頼男さん、鈴木美登里さん、中川すみさんにもお世話になりました。フランスの碩学の好著が日本語の文庫クセジュに連なることになったのは、多くの方々の助力によるものです。

二〇〇五年五月

斎藤かぐみ

参考文献
（章ごとに著者名順）

論集：J. Renger, (ed.), *Babylon : Focus mesopotamischer Geschichte, Wiege früher Gelehrsamkeit, Mythos in der Moderne* (2. Colloquium der DOG, Berlin, 1998), Sarrebruck, SDV, 1999.

Babylon : Symposiums de Bagdad 1979-1981, *Sumer*, XLI（日付なし）.

Reallexikon der Assyriologie : A-N, Berlin, 1928, 刊行準備中.

序論

A. R. George, « Bond of the Land » : Babylon, the Cosmic Capital, in G. Wilhelm (ed), *Die orientalische Stadt*, Saarbrück, 1997, p.125-145.

第一章

楔形文字の史料

P.-R. Berger, *Die neubabylonischen Königsinschriften*, Berlin, 1973.

J. Bottéro, S. N. Kramer, *Lorsque les dieux faisaient l'homme. Mythologie mésopotamienne*, Paris, Gallimard, 1993 (trad. du « Poème de la création »: *Enuma eliš*, p.604 s. ; *Atrahasîs*, p.530 s.).

A. R. George, *Babylonian Topographical Texts*, OLA 40, Louvain, Peeters, 1992 （特に『ティンテル』『エサギラの書板』に関する秀逸な研究と論評）.

A. R. George, Babylon revisited : archaeology and philology in Harness, *Antiquity* 67, 1993, p.734-746.

A. R. George, The Bricks of E-sagil, *Iraq* LVII, 1995, p.173-191.

J.-J. Glassner, *Chroniques mésopotamiennes*, Paris, Les Belles Lettres, 1993.

A. K. Grayson, *Assyrian and Babylonian Chronicles, TCS V*, New York, 1975.

W. W. Hallo, The Nabonassar Era and other Epochs in Mesopotamian Chronology and Chronography, in E. Leichty *et al.* (eds), *Studies in Memory of A. Sachs* (*O. P., Kramer Fund 9*), Philadelphia, 1988, p.175-90.

S. Langdon, *Die neubabylonische Königsinschriften*, VAB 4, Leipzig, 1912 (Nab. 1-49).

O. Pedersén, *Archives and Libraries in the Ancient Near East 1500-300 BC*, Bethesda, CDL, Press, 1998, p.183-191.

B. Pongratz-Leisten, « *Ina šulmi irub.*» *Die kulttopographische und*

ideologische Programmatik der akîtu-Prozession in Babylonien und Assyrien im I. Jahrtausend v. Chr., Baf. 6, Mainz, 1994.
J. Ritter, Babylone-1800, in M. Serres (ed.), *Élements d'histoire des sciences*, Paris, 1989, p.17-37.
F. Thureau-Dangin, *Rituels akkadiens*, Paris, 1921.
E. Unger, *Babylon. Die heilige Stadt nach der Beschreibung der Babylonier*, 1931（再版. 1970）.
K. R. Veenhof (ed.), *Cuneiform Archives and Libraries*, Netherlands Institute for the Near East, LVII, 1986；特に：M. A. Dandamayev, The Neo-Babylonian Archives, p. 273-277.
F. Weissbach, *Die Inschriften Nebuchadnezzars II. in Wadi Brisa und am Nahr el-Kelb* (*WVDOG* 5), Leipzig, 1906.

聖書史料：エルサレム聖書から抜粋翻訳

D. S. Vanderhooft, *The Neo-Babylonian Empire and Babylon in the Latter Prophets*, Harvard Semitic Museum Monographs, 59, Atlanta, 1999.

古典史料

M.-A. et Y.Calvet, Babylone, Merveille du monde, dans R. Étienne *et al.* (éd.), *Architecture et poésie dan le monde grec. Hommage à G. Roux*, Lyon-Paris, 1989, p.91-104.
M. Casewitz, *Diodore de Sicile. Bibliothèque historique*, livres I et II, Paris, Les Belles Lettres, 1991.
Ph. Legrand, *Hérodote. Histoires*, livre I, Paris, Les Belles Lettres, 1964.

ベロッソスの史料

S. M. Burstein, *The Babyloniaca of Berossus*, *SANE*, vol. I/5, Malibu, 1978.

プトレマイオスの史料

L. Depuydt, « More Valluable than all Gold » : Ptolemy's Royal Canon and Babylonian Chronology, *JCS* 47, 1995, p.97-117.

アラビア語史料

C. Janssen, *Babil, the City of Witchcraft and Wine / The Name and the Fame of Babylon in Medieval Arabic Geographical Texts*, University of Ghent, Memoirs, vol. II, 1995.

後代の史料

Ch. Foosey, *Manuel d'assyriologie*, t. I, Pairs, 1904.
R. H. Sack, Nebuchadnezzar and Nabonidus in Folklore and History, *Mesopotamia* XVII, 1982, p.67-131.

現地調査

Cl. J. Rich, *Memoir on the Ruins of Babylon*, London, 1815 ; *Second Memoir on Babylon......*, London, 1818.

J. Oppert, *Expédition scientifique en Mésopotamie......*, t. I, Paris, 1863, p.135-255.

ドイツによる発掘調査

R. Koldewey, *Das wieder erstehende Babylon*, Berlin, ed. 1925 (neue herausgegeben von B. Hrouda, 1990).

WVDOG, Berlin-Leipzig : 15 : R. Koldewey, *Die Tempel von Babylon und Borsippa*, 1911 ; 32: R. Koldewey, *Das Ischtar-Tor in Babylon,* 1918 ; 47 : O. Reuther, *Die Innenstadt von Babylon (Merkes)*, 1926 ; 48 : F. Wetzel, *Die Stadmauern von Babylon*, 1930 ; 55 : F. Wetzel, *Die Königsburgen von Babylon*, 1932 ; 59 : F. Wetzel und F. H. Weissbach, *Das Hauptheiligtum des Marduk in Babylon, Esagila und Etemenanki*, 1938 ; 62 : F. Wetzel *et al.*, *Das Babylon der Spätzeit*, 1957.

H. Schmid, *Der Tempelturm Etemenanki in Babylon, BaF*. Band 17, Mainz, 1995.

イタリアによる発掘調査

G. Bergamini, Levels of Babylon reconsidered, *Mesopotamia* XII, 1977, p.111-152.

G. Bergamini, Excavation in Shu-Anna, Babylon 1987, *Mesopotamia* XXIII, 1988, p.5-17.

イラクによる発掘調査

The Archaeological Revival of Babylon Project, *Sumer* XXXV, 1979.

第二章

J. Oates, *Babylon*, London, éd. révisée, 1986.
前一千年紀以前の年代は確定的ではない．ハンムラビ時代は伝統的に前1782～50年とされてきたが，それよりも下る可能性がある．H. Gasche *et al., Dating the Fall of Babylon. A Reappraisal of Second Millennium Chronology*, MHE, series II, University of Ghent, 1998（年表は精緻化の余地あり）and *Akkadica* 119-120, 2000 を参照.

A. Finet, *Le code de Hammurapi*, Paris, Éd. du Cerf, coll. « LAPO », vol. 6, 2e éd., 1983.

W. G. Lambert, The Reign of Nebuchadnezzar I : A Turning Point in the History of Ancient Mesopotamian Religion, *in* W. S. Mc Cullogh (ed.), *The*

Seed of Wisdom : Essays in Honour of T. J. Meek, Tronto, 1964, p.3-13.
D. D. Luckenbill, *Ancient Records of Assyria and Babylonia*, II, Chicago, 1927 (重版1989, London) (Sennachérib, p.185 ; Asarhaddon, p.243).
P.-A. Beaulieu, *The Reign of Nabonidus, King of Babylon 556-539 BC*, Yale University Press, 1989.
G. Frame, *Babylonia 689-627 BC. A Political History*, Leiden, 1992.
H. Hunger, A. new Akkadian Prophecy, *Journal of the American Oriental Society*, 95, 1975, p.371-375.
F. Joannès, *La Mésopotamie au Ier millénaire avant J.-C.*, Paris, Armand Colin, 2000.
W. G. Lambert, Nebuchadnezzar-King of Justice, *Iraq*, XXVII, 1965, p.1-10 (BM 45690).
R. A. Sack, *Neriglissar. King of Babylon*, Darmstadt, 1994.
D. J. Wiseman, *Nebuchadnezzar and Babylon*. The schweich Lectures, 1983, Oxford University Press, 1985.

第三章・第四章

第一部に引用した著作（発掘報告 ; George, 1992 ; Wiseman 1985）のほか

総論

B. André-Salvini, Babylone, *Dossiers d'Archéologie : Les sept Merveilles du Monde*, n°202, 1995, p.28-35.
G. Bergamini, Babilonia. L'immagine della metropoli da Hammurapi a Nabonido, in *Nuove Fondazioni nel Vicino Oriente antico : realtà e ideologia*, S. Mazzoni (ed.), Pisa, 1994, p.47-54.
J. Goodnick Westenholz, The Theological Foundation of the City, The Capital City and Babylon, in *Capital Cities, Urban Planning and Spiritual Dimensions*, J. G. Westenholz (ed.), Jerusalem, 1998, p.43-61.
J.-L. Huot, Babylone, Le centre du monde, dans *Naissance des cités*, J.-L. Huot *et al.*, éd. 1990, p.231-253.
J.-C. Margueron, Babylone : la premières mégapole?, dans C. Nicolet (éd.), *Mégapoles méditerranéennes*, Maison méd. des sciences de l'homme, 2000.

「メディアの壁」（シッパル）

H. Gasche, Habl as-Sahr, 1986. 新たな発掘調査, *Northern Akkad Project Reports*, 2, Ghent, 1989, p.23-70.

「イシュタル門」

J. Marzahn, *La Porte d'Ishtar de Babylone*......Staatliche Museen zu Berlin, 1993（独語からの翻訳）.

「南の王宮」

U. Moortgat-Correns, Das Grab des Nabonid, *Studi Micenei ed Egeo-Anatolici*, 38, 1996, p.153-177.

「美術館」

E. Klengel-Brandt, Gab es ein Museum in der Hauptburg Nebukadnezars II in Babylon?, *Forschungen und Berichte* 28, 1990, p.41-46.

「空中庭園」

S. Dalley, Niniveh, Babylon and the Hanging Gardens......, *Iraq*, LVI, 1994, p.45-58.

I. Finkel, The Hanging Gardens of Babylon, in P. Clayton and M. Price (eds.), *The Seven Wonders of Ancient World*, London and New York, 1988 (Routledge, 1993, p.38-58).

D. J. Wiseman, Mesopotamian Gardens, *Anatolian Studies*, XXXII, 1983, p.137-144.

マルドゥクの調度品

R. D. Barnett, *Iraq*, XII, 1950, p.40-42.

世界地図

W. Horowitz, *Mesopotamian Cosmic Geography*, Mesopotamian Civilizations, Winona Lake, 1998 (WA 92687), p.20-42.

パルティア時代

F. Tallon, Les rubis d'Ishtar : étude archéologique, dans A. Caubet (éd.), *Cornaline et pierres précieuses*, Paris, La Documentation française Musée du Louvre, 1999, p.229-247.

訳者略歴
一九六四年生
一九八八年、東京大学教養学部教養学科卒
一九九四年、欧州国際高等研究院（ニース）修了
電機メーカー勤務等を経て、現在フリーの翻訳・文筆業、『ル・モンド・ディプロマティーク』日本語版発行人、国際基督教大学非常勤助手
共編訳書
『力の論理を超えて　ル・モンド・ディプロマティーク一九九八－二〇〇二』（NTT出版、二〇〇三年）
翻訳論文
『フォーリン・アフェアーズ』日本語版関連（雑誌掲載）
ジャン・グロディディエ＝ド＝マトン『港湾法・経済・財務』（監訳・法人からの委託）ほか
ウェブコラム
『テクノフランス』時事ニュース（在日フランス商工会議所一九九九～二〇〇一年）
『先見日記』（NTTデータ、二〇〇二～二〇〇五年）

バビロン

二〇〇五年六月二〇日　印刷
二〇〇五年七月一〇日　発行

訳者 ©　斎《さい》藤《とう》かぐみ
発行者　川村雅之
印刷所　株式会社平河工業社
発行所　株式会社白水社

東京都千代田区神田小川町三の二四
電話　営業部〇三（三二九一）七八一一
　　　編集部〇三（三二九一）七八二一
振替　〇〇一九〇－五－三三二二八
郵便番号一〇一－〇〇五二
http://www.hakusuisha.co.jp
乱丁・落丁本は、送料小社負担にてお取り替えいたします。

製本：平河工業社

ISBN4-560-50889-5
Printed in Japan

文庫クセジュ

社会科学

318 ふらんすエチケット集
357 売春の社会学
396 性関係の歴史
457 図書館
483 社会学の方法
616 中国人の生活
654 女性の権利
693 国際人道法
695 人種差別
715 スポーツの経済学
717 第三世界
725 イギリス人の生活
737 ＥＣ市場統合
740 フェミニズムの世界史
744 社会学の言語
746 労働法
786 ジャーナリストの倫理
787 象徴系の政治学
792 社会学の基本用語
796 死刑制度の歴史
824 トクヴィル
837 福祉国家
845 ヨーロッパの超特急
847 エスニシティの社会学